TURISMO: UMA VISÃO EMPRESARIAL

Turismo:
Uma visão empresarial

Doris Ruschmann – Mestre e doutora em turismo pela Escola de Comunicações e Artes da Universidade de São Paulo. Coordenadora do curso de pós-graduação em Turismo da Universidade do Vale do Itajaí. Diretora da Ruschmann Consulting.

Karina Toledo Solha – Bacharel, mestre e doutoranda em turismo pela Escola de Comunicações e Artes da Universidade de São Paulo. Docente do curso de Turismo da Universidade de São Paulo e da Pontifícia Universidade Católica de Campinas.

Manole

Editoração Eletrônica: Grupo de Criação S/C Ltda.

Capa: Eduardo Bertolini

Imagem da Capa: Photodisc

CIP-BRASIL. CATALOGAÇÃO-NA-FONTE
SINDICATO NACIONAL DOS EDITORES DE LIVROS, RJ

T846

Turismo: uma visão empresarial
/ Doris van de Meene Ruschmann, Karina Toledo Solha,
organizadoras. Barueri, SP : Manole, 2004

Inclui bibliografia
ISBN 85-204-1715-9

1. Turismo – Planejamento. 2. Turismo – Administração.
I. Ruschmann, Doris van de Meene. II. Solha, Karina Toledo.

03 – 1133. CDD 338.4791
CDU 338 486

1ª edição – 2004
1ª reimpressão – 2007

Direitos adquiridos pela:
Editora Manole Ltda.
Avenida Ceci, 672 – Tamboré
06460-120 – Barueri – SP – Brasil
Fone: (011) 4196-6000 – Fax: (011) 4196-6021
www.manole.com.br
info@manole.com.br

Impresso no Brasil
Printed in Brazil

Sumário

Sobre os autores

Aline França de Abreu

Bacharel em Economia. Mestre em Engenharia de Produção pela Universidade Federal de Santa Catarina. Doutora em Tecnologia da Informação pela University of Waterloo, Canadá. Docente e Pesquisadora do Curso de Pós-Graduação em Engenharia de Produção da Universidade Federal de Santa Catarina. Coordenadora do Núcleo de Estudos em Inovação, Gestão e Tecnologia da Informação – IGTI/UFSC.

Ana Paula Garcia Spolon

Bacharel em História pela Faculdade Dom Bosco e em Tradução pela Universidade Estadual de São Paulo. Tecnóloga em Hotelaria pelo Senac – São Paulo. Especialista em Administração de Empresas pela Faculdade Getúlio Vargas. Mestranda pela Faculdade de Arquitetura e Urbanismo da Universidade de São Paulo. Docente de cursos de Turismo e Hotelaria. Consultora na área de pesquisa de mercado e planejamento em Turismo e Hotelaria.

Cássio Garklans de Souza Oliveira

Engenheiro agrônomo pela Escola Superior de Agricultura Luiz de Queiroz, da Universidade de São Paulo. Mestre em Ciências da Comunicação – Turismo, pela Escola de Comunicações e Artes da Universidade de São Paulo. Coordenador do Congresso Brasileiro de Turismo Rural. Docente do curso de graduação em Ecoturismo do Senac – SP. Consultor em planejamento turístico rural e ecoturismo. Membro da Abratur – Associação Brasileira de Turismo Rural e do Conselho Brasileiro de Turismo Sustentável.

Catarina de Fátima da Silva

Bacharel em Administração pela Universidade do Vale do Itajaí. Pós-graduada em Turismo e Hotelaria pela Universidade do Vale do Itajaí. Mestre e doutoranda em Engenharia de Produção pela Universidade Federal de Santa Catarina. Docente da Universidade do Vale do Itajaí.

Doris van de Meene Ruschmann

Bacharel, Mestre e Doutora em Turismo pela Escola de Comunicações e Artes da Universidade de São Paulo. Docente da graduação e pós-graduação do curso de Turismo na Escola de Comunicações e Artes da Universidade de São Paulo. Coordenadora do curso de pós-graduação *stricto sensu* em Turismo e Hotelaria da Universidade do Vale do Itajaí. Diretora da Ruschmann Consulting, atuando em projetos de desenvolvimento integrado e sustentado do turismo nacionais e internacionais. Autora de livros e de diversos artigos publicados no Brasil e no exterior. Pela editora Manole, escreveu *Turismo no Brasil:* análise e tendências. Membro associado da Ecotourism Society – EUA, da Association Internationale d'Experts Scientifiques du Tourisme – AIEST e da TTRA – Travel and Tourism Association – EUA.

Fernando Kanni

Tecnólogo em Hotelaria e Especialista em Planejamento e Marketing Turístico pelo CET – Senac, São Paulo. Bacharel e Mestre em Ciências da Comunicação – Turismo pela Escola de Comunicações e Artes da Universidade de São Paulo. Coordenador do curso de Administração Hoteleira da Faculdade de Gestão e Negócios da Universidade Metodista de Piracicaba. Docente da área de Turismo em cursos de pós-graduação. Consultor do MEC (SESU/Inep) e para projetos de desenvolvimento do turismo sustentável nos setores público, privado e terceiro setor.

Gleice Regina Guerra

Bacharel em Economia pelas Faculdades Metropolitanas Unidas e em Turismo pela Escola de Comunicações e Artes da Universidade de São Paulo. Mestranda em Contabilidade pela Faculdade de Economia, Administração e Contabilidade da Universidade de São Paulo. Docente da área de hotelaria em cursos de graduação e pós-graduação. Consultora em Hotelaria e Turismo. Atua em atividades de revisão e tradução de textos e obras técnicas em hotelaria.

Gregório Varvakis

Engenheiro mecânico pela Universidade Federal do Rio Grande do Sul. Mestre em Engenharia de Produção pela Universidade Federal de Santa Catarina e Manufacturing Eng. pela Loughborough University. Docente do Instituto de Aeronáutica, do PPGEP e do Departamento de Ciência da Informação da Universidade Federal de Santa Catarina. Consultor da McKinsey Inc.

Karina Toledo Solha

Bacharel, Mestre e doutoranda em Turismo pela Escola de Comunicação e Artes da Universidade de São Paulo. Docente do curso de Turismo da Universidade de São Paulo e da Pontifícia Universidade Católica de Campinas. Docente de cursos de especialização em Turismo e Hotelaria. Coordenadora técnica de cursos de educação à distância. Consultora e pesquisadora nas áreas de educação, pesquisa e planejamento turístico.

Marcelo Traldi Fonseca

Graduado em Hotelaria pelo Senac – São Paulo. Especialista em Hotelaria pela Universidade Federal de Juiz de Fora/Senac e em Gestão de Fast-Food e Desenvolvimento de Restaurantes pela Florida International University, em Miami. Mestrando em Administração pela Pontifícia Universidade Católica de São Paulo. Docente de cursos superiores de Turismo e Hotelaria (Universidade Metodista de Piracicaba – Unimep, Senac, Faculdades Renascença, Univali). Consultor da área de alimentos e bebidas.

Ricardo Cury

Engenheiro de Produção pela Universidade Federal de São Carlos. Mestre e Doutor em Engenharia de Produção pela Universidade Federal de Santa Catarina. Pesquisador visitante da University of South Florida. Docente da pós-graduação em Turismo da Universidade do Vale do Itajaí. Consultor em organizações de serviços e manufatura. Diretor geral do Instituto de Pesquisas e Estudos Socio-econômicos.

Rosana Bignami

Bacharel em Comunicação Social pela Escola Superior de Propaganda e Marketing. Especialista em Administração de Turismo na Itália. Mestre em Ciências da Comunicação – Turismo pela Escola de Comunicações e Artes da Universidade de São Paulo. Docente de disciplinas nas áreas de comunicação e marketing e coordenadora de curso de Turismo. Consultora para Turismo nas áreas de comunicação e marketing.

Sara Joana Gadotti dos Anjos

Bacharel em Administração. Mestre e doutoranda em Engenharia da Produção pela Universidade Federal de Santa Catarina. Docente dos cursos de graduação e pós-graduação em Turismo da Universidade do Vale do Itajaí. Pesquisadora do Instituto de Gestão da Tecnologia da Informação da Universidade Federal de Santa Catarina.

Introdução

O projeto desta obra surgiu quando se discutia a necessidade de produzir um material que promovesse um amplo debate sobre as principais questões do planejamento turístico brasileiro na atualidade. Ao se elencar os diversos temas que deveriam ser abordados, deparou-se com uma lacuna, a inexistência de obras que tratassem, especificamente, das questões empresariais da atividade turística nacional. Afinal, como pensar em planejamento turístico sem considerar a valiosa contribuição das empresas que atuam no setor?

Com esse intuito, organizou-se esta coletânea de artigos, que abordam e discutem diferentes aspectos da gestão nas empresas turísticas, propiciando uma melhor compreensão dos desafios e das necessidades do setor.

Para tanto, contou-se com a colaboração de profissionais que atuam em diferentes setores do mercado turístico, e que também estão envolvidos na docência e na pesquisa.

O resultado deste trabalho foi organizado em dois grandes temas, a Gestão Responsável e Competitiva, abordando os diferentes pontos que determinam e criam as vantagens competitivas, e a Gestão da Informação e da Comunicação, analisando os seus aspectos nas empresas turísticas.

A primeira parte traz artigos que permitem identificar e analisar os diversos fatores que interferem na busca pela vantagem competitiva, a qual é extremamente necessária num setor que se consolida e expande nacionalmente, mas que também convive com sérios problemas estruturais e de gestão.

No texto de Doris Ruschmann, é discutida a necessidade de profissionalização do setor turístico, através da sensibilização e capacitação profissional, e principalmente do estímulo e efetiva participação da comunidade neste processo. Como destaca a autora, isso pode contribuir para propiciar "vivências transformadoras que possam realmente acrescentar algo especial ao visitante".

A obtenção de vantagem competitiva também pode advir de uma gestão de logística realizada de modo eficiente. Este assunto é abordado por Ricardo Cury, que discute a aplicação dos fundamentos de logística nos serviços turísticos, analisando as atividades envolvidas na operação turística de grande porte.

Catarina de Fátima da Silva e Gregório Varvakis apresentam uma aprofundada revisão bibliográfica, tratando das questões da competitividade nas empresas de serviços, especialmente o setor hoteleiro. A análise e discussão dos diferentes fatores que interferem na busca da vantagem competitiva trazem uma visão panorâmica sobre o assunto e sobre os desafios a serem vencidos.

A grande expansão da modalidade de turismo rural ocorrida no país recentemente estimulou a inserção dos produtores rurais no universo de empresas prestadoras de serviços turísticos. A necessidade de preparo profissional e o perfil destes novos empreendedores são analisados e discutidos por Cássio Garklans de Souza Oliveira.

O texto de Marcelo Traldi Fonseca aborda a transformação ocorrida no setor de alimentação, ressaltando a crescente necessidade de garantir a qualidade dos serviços diante da expansão dessas empresas.

As grandes mudanças no cenário mundial e a preocupação com a sustentabilidade, em todos os setores, também provocou um movimento nas empresas hoteleiras, que estão promovendo ajustes de posicionamento em seus processos de gestão, tendo como foco a responsabilidade socioambiental. As motivações, características e etapas desse novo modelo de gestão são amplamente discutidas no texto elaborado por Fernando Kanni.

Se, por um lado, a preocupação com as estratégias de gestão que podem criar vantagem competitiva é constante e atual nas empresas turísticas, por outro, tem se destacado a crescente necessidade de tratar a informação como instrumento estratégico na busca dessa competitividade.

Essa discussão é contemplada na segunda parte desta obra, ao abordar os diferentes aspectos da informação e da comunicação nas empresas turísticas, e as possibilidades de uso como instrumento de gestão.

Estas informações, ao mesmo tempo em que permitem diagnosticar os processos internos da empresa, também oferecem uma visão ampliada e consistente do mercado em que estão inseridas, e consequemente podem ser utilizadas na definição de políticas internas e estratégias de ação.

O artigo de Sara Joana Gadotti dos Anjos e Aline França de Abreu apresenta uma experiência da hotelaria em Santa Catarina na utilização das informações como instrumento de gestão, apontando as principais dificuldades e as contribuições que advêm do uso eficiente das mesmas.

A contabilidade de receitas em hotelaria pode ser uma importante informação gerencial, e que tem sido pouco utilizada. No texto de Gleice Regina Guerra são apontadas as principais dificuldades de mensurar a receita na hotelaria, destacando a necessidade de compreensão e utilização dessa informação como subsídio para o processo decisório.

Uma abordagem mais ampla sobre a gestão de informação pode ser vista no artigo de Ana Paula Garcia Spolon, ao discutir o uso do Sistema de Informações de Marketing pela hotelaria nacional, ressaltando ser imprescindível que as equipes de marketing e desenvolvimento comecem a atuar de forma integrada e compartilhada, a fim de gerar melhores resultados.

Se conhecer seu produto e identificar os desejos e necessidades dos clientes são fundamentais para garantir a sobrevivência das empresas, conseguir comunicar-se com eficiência também se constitui num desafio. No artigo de Rosana Bignami são identificadas as dificuldades comumente encontradas pelas empresas turísticas para estabelecer uma comunicação interna e externa eficiente, considerando as especificidades do setor. Também apresenta algumas estratégias e ações importantes para auxiliar na condução desse processo.

Finalizando as discussões desta parte, Karina Toledo Solha analisa o papel da informação na construção da imagem de localidades turísticas, destacando suas principais características e discutindo a importância das publicações de turismo no processo de escolha das destinações.

O conteúdo desta obra permite uma visão mais clara das diferentes características das empresas turísticas e pretende colaborar com o debate e o aprimoramento do conhecimento no setor.

Agradecemos aos que contribuíram com este trabalho com seus esforços, enriquecendo-o com seu conhecimento, capacidade, experiência e competência. Trabalhar com essa equipe de autores foi uma experiência estimulante.

Gestão responsável e competitiva

PROGRAMA DE SENSIBILIZAÇÃO E CAPACITAÇÃO PROFISSIONAL EM TURISMO

Doris Ruschmann

INTRODUÇÃO

O turismo planejado se constitui em uma importante opção para o desenvolvimento sustentável de uma região. As atividades turísticas organizadas em consonância com o respeito ao meio ambiente natural e cultural geram empregos e receitas e, conseqüentemente melhoram a qualidade de vida da comunidade.

Os destinos turísticos que se destacam são os que, além do privilégio de possuírem belíssimos recursos e atrativos naturais, proporcionam aos visitantes equipamentos e serviços de infra-estrutura que proporcionam uma experiência junto à natureza, extremamente gratificante e prazerosa. Por isso, é fundamental que se considere o planejamento e o desenvolvimento de roteiros, programas e atividades interessantes e sua infra-estrutura de apoio adequada.

No entanto, muitas vezes, o turista não se sente intimamente satisfeito apesar do "atendimento" considerado de qualidade que recebeu. Atualmente, reconhece-se que o contato com o meio natural e com o patrimônio cultural é uma necessidade humana essencial para o homem moderno, literalmente "sufocado" pelo stress urbano e laboral dos grandes centros e que busca, na natureza, a recuperação das forças vitais indispensáveis para lidar com os desgastes dessa nova vida. O espaço natural proporciona um contato íntimo entre o indivíduo e a natureza. Permite percepções variadas e pessoais sobre cada elemento natural ou ecossistema e promove ligações afetivas, emotivas, espirituais ou qualquer nome que se lhes possa atribuir. Este processo ganha conotações valiosas e conseqüências preciosas ao ser humano que, para vivenciá-lo, o leva a uma busca por espaços e experiências que proporcionem o bem estar e a realização desta interação.

Sob esta perspectiva, os destinos turísticos devem oferecer, além de infra-estrutura e atrativos, uma gama de profissionais competentes que ajudem o visitante na sua busca por interação com o meio ambiente. Várias experiências vêm demonstrando que, na prestação dos serviços de turismo, a capacitação profissional pode fazer a diferença na captação e na fidelização de turistas, tornando os investimentos na formação de recursos humanos, seguros e rentáveis a médio e longo prazo para os empreendedores. Procura-se, portanto agregar ao planejamento de ações para o desenvolvimento de práticas em turismo na região, programas, atividades, cursos etc. que visam à capacitação profissional, através da absorção de informações e conteúdos sobre ética, conceitos e princípios do turismo, respeito e preservação do meio ambiente, assim como o desenvolvimento de habilidades de operação, de capacidade de gestão de negócios sustentáveis e de relacionamentos interpessoais.

A NECESSIDADE DA PROFISSIONALIZAÇÃO NA PRESTAÇÃO DOS SERVIÇOS TURÍSTICOS

A atividade turística em todo o mundo se encontra diante de pressões do mercado, da estrutura das ações comerciais, da intensificação da competitividade e da relação entre quantidade e qualidade na prestação dos serviços aos turistas.

A capacidade de obter êxito nas ações propostas e o futuro da atividade dependerá das metas, da qualidade dos serviços prestados e da capacidade dos empreendedores em conduzir os seus negócios considerando, entre vários outros aspectos, a capacitação e o treinamento próprios e das suas equipes.

Os melhores atrativos turísticos estarão fadados ao fracasso se forem estruturados sobre bases empíricas e amadoras que caracterizam os pequenos empreendimentos voltados à prestação de serviços aos turistas.

Na implementação da atividade turística em localidades, é preciso estabelecer a distinção entre os resultados da educação e da capacitação e treinamento. Em uma atividade relativamente recente e em constante processo de mutação como é o turismo, os resultados da educação ocorrem em longo prazo e aqueles da capacitação e dos treinamentos são mensuráveis e com resultados quase imediatos.

Para a atividade como um todo, os esforços na educação e no treinamento agregam valor ao produto, incrementam a qualidade da mão-de-obra e implementam o espírito profissional nas equipes envolvidas, além de definir o negócio e a interdependência dos diversos setores envolvidos e suas distintas modalidades e categorias: de hospedagem, de transporte, alimentação, entretenimento, agenciamento etc.

Já se reconhece, em todo o mundo, que a qualidade dos recursos humanos na prestação dos serviços turísticos se constitui na chave do sucesso dos empreendimentos e das destinações.

O processo apresenta-se como um ciclo, apresentado a seguir:

Figura 1 – O ciclo resultante da educação, capacitação e do treinamento para o turismo.

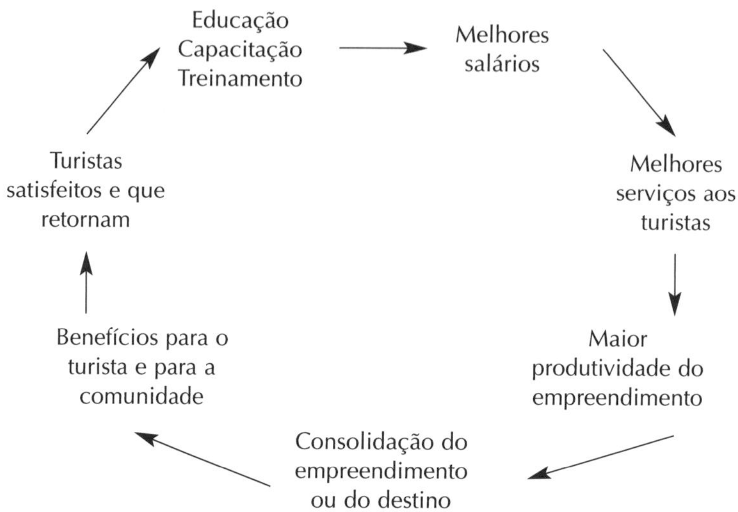

Fonte: Adaptado de Cooper *et al.* (1999: 186).

Dentre os diversos desafios que necessitam ser superados, destacam-se aqueles relacionados com o fato de que o turismo geralmente não tem reconhecida a sua importância econômica e social e de que é entendido como uma atividade na qual qualquer pessoa poder atuar – sem técnica nem treinamento, uma vez que opera com o lazer das pessoas em férias ou em outro tipo de viagem.

Destaca-se a importância de ações coordenadas e de políticas de desenvolvimento integradas (que incluam a educação, capacitação e o treinamento) diante do papel crescente que as viagens turísticas de férias estão adquirindo na vida das pessoas e conseqüentemente, na evolução e na consolidação de destinações específicas no seu rol de preferências.

As facilidades de locomoção das pessoas na atualidade, tornam qualquer destino fácil de ser visitado e fazem com que a concorrência do setor se torne mundial. As preferências dos turistas recaem naquelas destinações que lhes proporcionem experiências mais gratificantes, dentro dos padrões internacionais. A atratividade dos recursos naturais e culturais e o exotismo tropical não sobrevivem na preferência dos turistas se não estiverem acompanhados de equipamentos e serviços adequados às demandas dos visitantes – nacionais ou internacionais.

A PROFISSIONALIZAÇÃO DA PRESTAÇÃO DOS SERVIÇOS TURÍSTICOS E O ENVOLVIMENTO DAS COMUNIDADES NO PROCESSO DE DESENVOLVIMENTO DO TURISMO

Experiências indicam que o profissional a ser educado, capacitado e treinado, deve ser oriundo da própria comunidade, região ou entorno onde irá atuar. Não só por estar naturalmente familiarizado com seus recursos naturais e culturais, mas também, por força do convívio, ser conhecedor das necessidades e potencialidades humanas da sua comunidade. O elemento humano local tem melhores condições de ser preparado para propiciar vivências transformadoras que possam realmente acrescentar algo especial ao visitante.

Estudos sobre o envolvimento de comunidades em políticas de turismo – de desenvolvimento ou de capacitação (Capece, 2001), identificaram oito estágios ordenados de acordo com o grau de compromisso dos indivíduos com o seu entorno. A passagem de um estágio para o outro não se dá com a passagem do tempo e pode ocorrer que algumas comunidades e seus componentes não sigam uma seqüência linear. Ainda é possível que saltem alguns. O que se destaca é que cada estágio requer ações distintas. O comportamento esperado dos indivíduos diante das ações empreendidas, também será diferente – de acordo com o nível de compromisso assumido por cada um – seja de forma individual ou coletiva.

Quadro 1 – Nível de Compromisso de Comunidades com o Desenvolvimento do Turismo

INDIFERENTES
↓
CONSCIENTIZADOS
↓
MOTIVADOS
↓
DISPOSTOS A GERAR SOLUÇÕES
↓
BUSCAM INFLUENCIAR A LEGISLAÇÃO
↓
DISPOSTOS A MUDAR POLÍTICAS
↓
CAPAZES DE CONSTITUIR UMA COALIZÃO
↓
DISTINGUEM INTERESSES DE VALORES

Além desses aspectos motivacionais das comunidades envolvidas no desenvolvimento do turismo, é preciso considerar o meio cultural no qual vivem. A maneira de ver, sentir e de reagir, os hábitos e os costumes dos moradores do meio rural ou de pequenas localidades diferem daqueles de moradores de grandes cidades; nos primeiros, rostos e diálogos são comuns e conhecidos enquanto que nos segundos, o anonimato é o comum e os comportamentos e posturas diferem também.

O nível de desenvolvimento turístico – inexistente, incipiente ou maduro – interfere no modo de pensar e de agir das comunidades frente à atividade.

Assim, entende-se como mais adequado o processo de aprendizagem compartilhado, que estimule uma participação responsável junto aos membros das comunidades envolvidas, demonstrado no quadro a seguir:

Quadro 2 – Pressupostos e Alternativas para a Participação Comunitária

Pressuposto	Alternativas
Criação de uma cultura de participação no âmbito da atividade turística	– Criação de grupos de interesses para avaliações e sugestões. – Seminários com a população. – Mobilização e envolvimento de variados grupos de interesse e representações da sociedade civil no desenvolvimento do turismo.
Multiparticipação e integração grupal	– Consenso e integração grupal no âmbito das propostas prioritárias. – Criação de um grupo multiparticipativo de caráter permanente durante a elaboração dos trabalhos e para o futuro (UGP's).

Uma questão essencial é que a participação ativa da comunidade não significa simplesmente interação num meio social, consulta de necessidades comunitárias ou uma mera associação em entidades de grupos ou classes. Implica um conjunto de condições e requisitos indispensáveis para alcançar resultados de amplo benefício; e, por isso, a participação deve ser medida em termos da intensidade e da qualidade com que os indivíduos participam na produção, gestão e usufruto de bens e serviços como um todo.

Essa consideração de caráter geral pode ser referenciada especificamente ao processo de educação, capacitação e treinamento na região, e assumir que, nesse caso, a participação cidadã não significa simplesmente um ato de consulta aos moradores, mas sim um compromisso de trabalho e de contribuição permanente, por parte das comunidades locais. Esse compromisso deve estar presente em todas as etapas e também significa, por parte das autoridades, uma disposição à consulta, ao diálogo, à negociação e a compartilhar com os moradores a gestão de atividades decorrentes da implantação e consolidação do turismo.

Para que esse processo aconteça em toda sua dimensão, são necessárias certas condições para a participação das autoridades e lideranças locais, da própria comunidade e de seus moradores. Diante disso, cada ator deve desempenhar seu papel nesse contexto para alcançar a participação desejada. Em geral, a conjunção de esforços entre as autoridades e a comunidade na construção de processos participativos é o caminho mais produtivo e é neste sentido que se deve trabalhar.

Para que a participação na educação, capacitação e treinamento tenham resultados concretos, consideram-se os seguintes princípios:

- A participação deve ser ampla, profunda, com alto grau de liberdade e respeito.
- O envolvimento e a participação comunitária devem se dar em todas as etapas da implantação das atividades de educação, capacitação e treinamento.
- É importante que a própria comunidade diminua progressivamente os fatores de eventual resistência ao desenvolvimento do turismo reforçando, em contrapartida, os elementos de apoio à sua implantação.

- A comunidade somente se disporá a investir os sacrifícios e esforços que a estratégia de educação e capacitação exigirem, se houver formado dela uma imagem favorável, e se estiver deliberadamente decidida a engajar-se no processo.
- O processo somente terá legitimidade se houver sido livremente aceito pela comunidade.

ESTRATÉGIA PARA A PARTICIPAÇÃO E O ENVOLVIMENTO DAS COMUNIDADES LOCAIS NO PROCESSO DE EDUCAÇÃO, CAPACITAÇÃO E TREINAMENTO PARA O TURISMO

O modelo de desenvolvimento do turismo e a educação, capacitação e treinamento agrega estratégias de participação social e comunitária na sua implantação e gestão – o que representa um dos pilares da sustentabilidade do turismo.

Entretanto, a instituição do processo permanente de participação comunitária exige sensibilidade no seu trato, para que se crie um processo mais rico de participação social, buscando-se:

- Conciliar interesses e pontos de vista dos diversos grupos e indivíduos que atuam na área.
- Ampliar a participação social por meio de mecanismos que possam promover o envolvimento do maior número de pessoas, no sentido de reduzir a possibilidade de alimentar vícios no processo decisório.
- Considerar os pontos de vista divergentes no sentido que a participação da comunidade não se torne apenas um processo de legitimar decisões que já foram, até certo ponto, tomadas por técnicos.
- Minimizar eventuais conflitos mais sérios que o debate pode causar no ambiente cotidiano das comunidades.
- Enriquecer o processo decisório e a organização social comunitária.

Para tanto, deve-se utilizar metodologia específica, correspondente às modernas diretrizes de ensino e participação comunitária, onde serão considerados vários instrumentos de apreensão da realidade local, bem como, sua interface com acontecimentos externos.

CONSIDERAÇÕES FINAIS

Para a educação, capacitação e o treinamento para o turismo nas empresas considera-se fundamental a seqüência dos seguintes passos:

- Cadastramento de entidades públicas e civis, empresários, ONGs e pessoas envolvidas com o desenvolvimento de atividades turísticas na área, no intuito de identificar a oferta e as carências específicas de cada atividade.
- Pesquisa sobre cursos e treinamentos oferecidos por diversas entidades de formação profissional na área.
- Montagem de um quadro dos cursos a serem ministrados em cada localidade.

Portanto, questões sobre *quem, porque* e *em quê* capacitar parecem bem referenciadas. Um ponto que parece apropriado para uma discussão proveitosa refere-se ao como desenvolver estes processos de capacitação.

Corriqueiramente, planejam-se atividades pedagógicas, centradas no conteúdo. Mesmo quando desenvolvidas por meio da prática, o que se pretende é que informações, conceitos e técnicas sejam absorvidas. Por exemplo, o que é apropriado para crianças, que por pressuposto têm um repertório bastante limitado, e portanto precisam ser informadas sobre vários aspectos da vida, não o é para adultos, pois nesse caso os princípios da andragogia são mais apropriados. O adulto é responsável por si próprio nos diferentes contextos da vida, todas as opções são analisadas a partir da experiência acumulada, da cultura interiorizada e das necessidades imediatas que se lhe apresentam, o que não pode ser desconsiderado nos processos de aprendizagem. Muitas vezes esses processos envolvem uma mudança de atitude e comportamento que precisam ser justificados pela prioridade que se estabeleceu. Se o processo de aprendizagem ficar aquém de sua expectativa, ou se a motivação cessar, há uma grande probabilidade de retrocesso a uma situação bastante próxima à anterior e estes novos comportamentos e atitudes são no primeiro momento relegados até serem eliminados.

Porém, para a plena eficácia das ações propostas existe uma evidente necessidade de retro alimentação ou de indução ou sensibilização de continuidade, nos processos de aprendizagem de adultos.

REFERÊNCIAS BIBLIOGRÁFICAS

CAVALCANTI, M. (org.). *Gestão estratégica de negócios* – evolução, cenários, diagnóstico e ação. São Paulo, Pioneira, 2001.

COOPER, C. *et al. Tourism and hospitality education.* Londres, Butterworth-Heinemann, 1999.

PECHLANER, H. & OSTI, L. "Reengineering tourism organizations". *Revue de Tourisme.* St. Gall., AIEST, v. 57, n. 1, 2002, p. 13-21.

WTO – World Travel Organization. *Tourism Vision.* Américas. Madri, OMT, v. 2, 2002.

WTO – World Travel Organization & Tourism Human Resource Centre. *Steps to success* – global good practices in travel and tourism. Madri, OMT, v. 3, n.1, 1999.

LOGÍSTICA APLICADA AO TURISMO

Ricardo Cury

INTRODUÇÃO

A logística tem a preocupação de proporcionar produtos e serviços onde eles são necessários e quando eles são desejados.
(Bowersox & Closs, 1996: 3)

Sheldon (2000: 135) afirma que, para um campo de estudos ser chamado de disciplina, ele deve proporcionar quatro tipos de conhecimento:

(1) dados empíricos, observações e fatos;
(2) teorias e paradigmas;
(3) ética; e
(4) história.

Este trabalho tenta, modestamente, contribuir com todos os tipos de conhecimento para o campo da logística aplicada ao turismo (LAT). O grande desafio dos pesquisadores nesse campo é construir esse conjunto de conhecimentos para, talvez, verdadeiramente torná-la uma disciplina.

Este artigo aborda os conhecimentos citados no parágrafo anterior, através da análise das atividades envolvidas na aquisição de serviços turísticos em grande quantidade pelas operadoras turísticas, a elaboração dos produtos/pacotes de serviços turísticos, sua distribuição e a prestação dos serviços nas destinações.

A logística, nos dias de hoje, é academicamente considerada um paradoxo: ela vem sendo utilizada desde o início da civilização e ao mesmo tempo suas características são extremamente contemporâneas.

Tradicionalmente, a responsabilidade operacional da logística é o posicionamento geográfico de matérias-primas, materiais em processo e estoques de produtos acabados onde eles são necessários e ao menor custo possível (Bowersox & Closs, 1996: 3). A logística agrega valor quando o suprimento esta corretamente posicionado para facilitar as vendas de produtos e serviços. Entretanto, esta responsabilidade é pertinente para os casos em que produtos e serviços se deslocam até os consumidores. No turismo, os consumidores se deslocam até as destinações para consumirem produtos e serviços turísticos, portanto, a responsabilidade do posicionamento geográfico de diversos tipos de estoques é ampliada para o posicionamento geográfico dos consumidores também.

A importância logística vem, portanto, de como a organização se posiciona em suas competências logísticas para obter vantagem competitiva. Logo, gestão logística inclui o projeto e a administração de sistemas para controlar o fluxo de materiais, materiais em processo, estoque de produtos acabados e consumidores, para suportar a estratégia da unidade de negócio.

Pode-se afirmar que a grande meta logística é alcançar o nível-alvo de serviço ao consumidor ao menor custo possível. Dessa forma, entende-se a existência da logística para satisfazer os requisitos dos consumidores por meio da criação de facilidades para relevantes operações de manufatura, serviços e marketing.

DEFINIÇÕES E DELIMITAÇÃO DO CAMPO DE ESTUDOS

Para que se possa analisar os processos organizacionais sob a ótica da logística, é necessário que se passe a olhar para eles como fluxos de trabalho, informações, materiais, equipamentos e pessoas. Isto posto, pode-se compreender a natureza dinâmica da abordagem logística nos processos organizacionais.

Nesta seção, são apresentadas algumas definições que auxiliarão a compreender a abordagem logística no setor de turismo.

Segundo Christopher (1999: 2), existem muitas maneiras de definir a logística nos dias atuais. Ele propõe a seguinte definição como ponto de partida do estudo da logística:

> A logística é o processo de gerenciar estrategicamente a aquisição, movimentação e armazenagem de materiais, peças e produtos acabados (e os fluxos de informações correlatas) através da organização e seus canais de marketing, de modo a poder maximizar a lucratividade presente e futura através do atendimento de pedidos a baixo custo.

A definição de logística apresentada pode ser vista como representante de um extremo do estudo logístico interessado no fluxo de bens físicos no sentido do fornecedor para o cliente. Em outro extremo, existe a visão de canal de distribuição das organizações cujos negócios envolvem o turismo e, conseqüentemente, a hotelaria. Essas organizações possuem seus negócios alicerçados no setor de serviços e, portanto, são especialmente caracterizadas por três aspectos: intangibilidade, perecibilidade e a presença do cliente.

Nesse contexto, específico do setor de serviços, a logística assume claramente o papel de canal de distribuição ou canal de venda de serviços turísticos e de hotelaria. Kuazaqui (2000: 116) apresenta a mesma percepção através da seguinte afirmação:

> Os canais de distribuição e venda de produtos turísticos exercem papel extremamente importante nas estratégias de marketing. O marketing turístico caracteriza-se por importante oferta constituída por uma

multiplicidade de produtos e por relevante demanda distribuída em vasto território geográfico. O produto turístico pode, dessa forma, ser comercializado por vários canais de distribuição, sendo os dois mais comuns a distribuição direta e a distribuição por intermédio de produtores de viagens e agências de viagens.

Sendo assim, podem ser identificadas duas áreas de atuação, não excludentes, para o estudo da LAT. A primeira, correspondente aos fluxos de materiais que suportam os serviços prestados, é fortemente caracterizada por bens físicos. A segunda corresponde à atuação do canal de distribuição dos serviços turísticos e hoteleiros.

Neste estudo, as duas áreas de atuação serão consideradas. Ambas possuem papel fundamental na obtenção de vantagem competitiva e se inter-relacionam de maneira a interferirem no desempenho da organização como um todo e no desempenho das cadeias de suprimentos nas quais estas organizações podem estar inseridas.

A logística envolve a coordenação de: informação, transportes, estoques, armazenagem, manuseio de materiais e embalagem. A grande questão da logística contemporânea consiste na combinação e integração de resultados externos e internos, denominada logística integrada, que é uma das competências essenciais de um empreendimento.

Em muitas situações o escopo desejado de tais coordenações transcende o empreendimento individual alcançando os consumidores, bem como fornecedores de materiais e serviços. Logo, definições mais amplas de logística e administração logística fazem-se necessárias. De acordo com o Council of Logistics Management:

> Logística é o processo de planejamento, implementação e controle eficiente e eficaz do fluxo e armazenagem de bens, serviços[1] e informações relacionadas, do ponto de origem ao ponto de consumo com o propósito de atender os requisitos dos consumidores. (Ballou, 2002: 21)

[1] No caso de serviços considera-se apenas seu fluxo, já que os serviços não podem ser armazenados.

Portanto, é de grande interesse saber como as empresas posicionam suas competências logísticas para obter vantagem competitiva. O que leva a definição de administração logística:

> Administração Logística inclui o projeto e administração de sistemas de controle do fluxo de materiais, materiais em processo, produtos acabados e consumidores para suportar a estratégia da unidade de negócios. (Bowersox e Closs, 1996: 5)

De outra forma, Bowersox & Closs (1996: 3) afirmam que: "O objetivo geral da logística é alcançar o nível almejado de serviço ao consumidor ao mais baixo custo total possível".

FUNDAMENTOS LOGÍSTICOS

Tradicionalmente, logística e operações desenvolveram-se dentro das áreas geográficas e eram controladas por uma área funcional (marketing ou produção). A gestão do fluxo físico era definida por esta área geográfica restrita e, com foco no atendimento das necessidades da função que a controlava.

Hoje, conforme Dornier *et al.* (2000: 38), novas pressões estão mudando as definições e estruturas utilizadas pelas empresas. As novas definições são significativamente diferentes daquelas que determinavam as antigas atividades relacionadas aos fluxos físicos de materiais e de consumidores. Essas novas definições visam a construção de um pacote de serviços logísticos.

As três principais forças impulsionadoras dessa evolução são:

- integração das funções internas ao longo da corporação;
- cooperação crescente entre áreas de logística e operações de diferentes elos na cadeia de suprimentos;
- busca por melhorias na integração geográfica, que vai além das tradicionais áreas de atividade econômica para abranger o mundo inteiro como fonte potencial de clientes, conhecimento, tecnologia, matérias-primas e assim por diante.

O pacote total de serviços logísticos é resultado de uma seqüência lógica de passos intermediários. Em cada passo ocorre o fornecimento de um serviço intermediário que contribui para o resultado final. Portanto, a coordenação efetiva de todas as partes envolvidas nas operações de logística é que permite o serviço proposto ao cliente. A qualidade dos relacionamentos entre diferentes funções e partes, dessa forma, determina o desempenho geral da função de logística.

As funções logísticas desempenhadas por cada empresa numa rede, formal ou informal, de suprimento e demanda formam o sistema logístico.

O sistema logístico, composto de todos os membros da cadeia global de suprimentos, encara pressões para integrar suas atividades. Essa integração assume diferentes configurações, dependendo de como os fatores ambientais afetam as empresas envolvidas.

A integração das operações logísticas baseia-se na crença de que ela produzirá resultados superiores àqueles obtidos pelo gerenciamento de funções individuais. Esse é o paradigma fundamental da logística.

A integração pode ser dividida em três tipos: geográfica, funcional e setorial. As empresas devem definir métodos específicos de gestão e organização para tornar possíveis os três tipos de integração.

A integração geográfica considera que as fronteiras geográficas estão perdendo sua importância. As empresas enxergam suas redes de instalações mundiais como uma única entidade.

A implementação de compras globais, a venda em múltiplos mercados e outros fatores implicam a existência de uma visão de operações e logística projetadas tendo em mente mais do que considerações nacionais.

As responsabilidades da gestão de operações e logística já não se limitam a coordenar os fluxos físicos relacionados à produção, à distribuição ou aos serviços pós-venda. Elas estão sendo expandidas para incluir funções como pesquisa, desenvolvimento e marketing no projeto e gestão dos fluxos. Essa integração funcional melhora a gestão do fluxo consideravelmente. Em cadeias de suprimentos tradicionais, fornecedores, fabricantes, distribuidores e clientes trabalham cada um de forma a otimizar a própria logística e operações. Eles atuam individualmente, preocupados apenas com a sua parte no sistema de fluxo. Como resultado, inadvertidamente criam problemas e ineficiência para os outros participantes na cadeia – sendo que todos adicionam custo ao sistema total.

Empresas líderes, percebendo esse problema, estão começando a estender sua visão para além das fronteiras da corporação e a trabalhar cooperativamente com todas as partes da cadeia em um esforço para otimizar todo o sistema. A essa cooperação chamamos integração setorial.

Os principais resultados esperados da integração setorial são os seguintes:

- otimização do fluxo de produtos e serviços;
- lançamento eficiente de novos produtos e serviços;
- adequação da gama de produtos e serviços à demanda;
- coordenação eficaz de promoções e negociações.

A tendência em direção à globalização está gerando uma nova visão de operações e logística:

- do ponto de vista da minimização de custos para o ponto de vista que percebe operações/logística como uma fornecedora de serviços, e que esses serviços devem ser incorporados à definição geral dos objetivos;
- operações/logística desenvolveram-se da simples movimentação de produtos pela cadeia de suprimentos para fornecedoras de informações com o fim de planejamento e gestão.

APLICAÇÕES DA ABORDAGEM LOGÍSTICA NO TURISMO

Muitas empresas têm descoberto que mais valor pode ser criado e compartilhado pela cooperação entre parceiros de troca do que em um relacionamento de adversário.

O primeiro passo na compreensão dos relacionamentos entre compradores e vendedores está no entendimento dos fatores críticos que influenciam o comprometimento do vendedor para manter relacionamentos estáveis com compradores atacadistas.

O fato de que atacadistas e fornecedores no turismo têm formado relacionamentos comprador-vendedor não é nada novo.

Hoje, num ambiente de condições de mercado competitivas, existe a tendência entre os compradores de correr para alianças com fornecedores sem primeiro estabelecer a fundação necessária para sustentar o relacionamento num longo período de tempo.

A conveniência, o preço e a segurança associados a pacotes turísticos de preço único continuarão fazendo pacotes turísticos populares entre consumidores que viajam pelo mundo.

Smith (1993) afirma que o próprio produto turístico é o resultado de um processo em que facilidades, serviço e hospitalidade (atitudes) de múltiplas empresas são configurados para produzir uma experiência de valor para os consumidores. Atacadistas turísticos, por exemplo, operam como compradores em um processo no qual uma rede de serviços é comprada em grande quantidade, empacotada e promovida como um pacote turístico de preço único para consumidores individuais e grupos.

O produto turístico é o resultado de uma rede coordenada de relações de negócio para negócio (*Business to Business*), em que o atacadista constrói uma rede de relacionamentos entre empresas especializadas para produzir um produto sinérgico que nenhuma organização produziria sozinha.

A importância de se desenvolver relacionamentos de qualidade pela rede se torna clara desde que não é suficiente apenas contratar serviços para períodos predeterminados para criar uma experiência satisfatória para os consumidores. Portanto, a atitude e o estilo com que uma organização presta seu serviço também são importantes.

Há, ainda, a habilidade de o pacote turístico satisfazer os consumidores, o que depende do comprometimento com um esforço coordenado de todas as empresas.

De acordo com Crotts, Aziz, Raschid (1998: 128), existem basicamente três modelos de relacionamento quanto à natureza:

- **adversário:** quando a oferta excede a demanda, um comprador joga um fornecedor contra outro para conseguir baixar preços ou obter melhores serviços. Quando a demanda excede a oferta, o poder está com os fornecedores que podem alcançar concessões dos compradores;
- **engrenado:** chamado de *keiretsu* pelos japoneses e *chaebols* pelos coreanos. Representa grupos relativamente fechados que realizam negócios entre si. Para participar é necessário tornar-se membro;
- **cooperativo:** aquele em que compradores e fornecedores-chave estabelecem alianças de longo prazo para produzir pacotes atrativos aos menores custos possíveis. Os preços mais baixos são alcançados por meio do trabalho conjunto entre compradores e vendedores, com o objetivo de baixar os custos operacionais.

Os relacionamentos entre fornecedores e clientes são alianças econômicas formadas para explorar sinergicamente uma oportunidade num longo prazo. O processo de desenvolvimento de um relacionamento cooperativo é aquele que fornece o maior potencial para o comércio de viagens internacionais.

Crotts, Aziz, Raschid (1998: 129) propuseram um conjunto de medidas dependentes e independentes para identificar os fatores que influenciam o comprometimento do fornecedor a fim de manter um relacionamento estável com o comprador atacadista.

Como medida dependente eles identificaram o comprometimento mútuo, aqui definido como o desejo de continuar um relacionamento e trabalhar para garantir a sua continuidade.

As medidas independentes apresentadas por eles foram as seguintes:

- **confiança**: é um bloco de construção fundamental dos modelos de relacionamento e, como tal, está incluído em diversos modelos. A maioria das definições de confiança envolve a crença de que o parceiro no relacionamento vai agir no melhor interesse do outro parceiro;

- **desempenho**: é definido aqui como o grau para o qual a transação preenche as expectativas de performance de cada parceiro em servir seu consumidor. O desempenho inclui a performance específica do produto e os atributos dos serviços relacionados a ele;
- **comunicação**: pode ser definida como o compartilhamento informal de informações significativas, precisas e atuais. O foco está na definição da importância da informação, em contraste com sua quantidade;
- **comparação dos níveis de alternativas:** é definida como a qualidade das saídas e das melhores alternativas disponíveis de parceiros de relacionamentos. A qualidade da saída, quando julgada contra as melhores alternativas, é uma medida da dependência de um parceiro em relação ao outro;
- **cooperação**: são ações similares ou complementares realizadas por empresas em um relacionamento independente para alcançar as esperadas saídas mútuas ou singulares, com a esperada ação recíproca ao longo do tempo. A interação da cooperação e do comprometimento resulta num comportamento cooperativo, permitindo aos parceiros trabalharem garantindo que ambas as partes receberão os benefícios do relacionamento;
- **adaptação**: ocorre quando uma parte em um relacionamento altera seus processos para acomodar a outra parte. Ela tende a juntar fortemente comprador e vendedor, criando barreiras para a entrada de um fornecedor competidor;
- **investimentos não recuperáveis**: são definidos como o comprometimento de recursos específicos que um parceiro investe no relacionamento. Eles não poderão ser recuperados se o relacionamento terminar;
- **laços sociais**: fornecedores e clientes que têm um forte relacionamento social estão mais comprometidos em manter o relacionamento nos negócios que aqueles com fracos relaciona-

mentos sociais. Laços sociais são definidos como o grau de amizade e prazer compartilhado pelo fornecedor e cliente.

Após a execução da pesquisa de campo, através de questionários auto-aplicáveis, e a análise estatística dos resultados, Crotts, Aziz, Raschid (1998: 132) puderam comprovar que sete das oito medidas independentes se aplicavam aos relacionamentos entre os produtores de pacotes turísticos e seus fornecedores – prestadores de serviços turísticos e hoteleiros nas destinações.

O PAPEL DA TECNOLOGIA DA INFORMAÇÃO NOS SISTEMAS LOGÍSTICOS APLICADOS AO TURISMO

Historicamente, a década de 1960 é considerada o início do *e-business* no turismo com os sistemas de reservas *on-line* nas empresas aéreas.

Hoje, o turismo é uma das mais importantes áreas de aplicação para o *e-commerce*. O número de turistas que usam sistemas de informações turísticas baseados na *web* para o planejamento da viagem pulou de 3,1 milhões em 1996 para 33,8 milhões em 1998, um aumento de mais de 1.000% em dois anos. É previsto que, até 2010, 30% de todos os negócios em turismo serão feitos via internet. Saindo de 5 bilhões de dólares para 30 bilhões de dólares (Proll & Retschitzegger, 2000: 182).

O papel da tecnologia da informação é tão importante para o turismo que já não basta apenas exibir estaticamente as informações na internet.

A importância da tecnologia da informação no turismo será maior no futuro na medida em que o desejo por viagens e a necessidade por conectividade eletrônica crescerem. As questões de pesquisa envolvidas na tecnologia da informação no turismo são complexas e proporcionam um campo fértil para esforços de pesquisa porque o turismo e a tecnologia da informação são campos multidimensionais e em rápida transformação. A indústria do turismo é composta de empresas de diferentes setores, com diferentes tamanhos e em diferentes localizações geográficas, suprindo uma diversidade de produtos e mercados. O campo da tecnologia da informação representa uma forte força dirigindo o desenvolvimento do turismo, trazendo com ela mudanças nos negócios, novas estruturas, e novas tecnologias e aplicações (Sheldon, 2000: 133).

Países e destinações estão descobrindo que políticas para a tecnologia da informação, comunicações e estratégias *on-line* são necessárias para melhorar a eficiência e a lucratividade do setor de turismo. O uso da tecnologia para apoio a decisões e gerenciamento estratégico de empreendimentos turísticos é uma área oportuna para mais pesquisa.

Muitas decisões estratégicas no turismo são espacialmente relacionadas e têm o potencial para usar os Sistemas de Informações Geográficas (Geographic Information Systems – SIG).[2]

Proll & Retschitzegger (2000: 181) afirmam que três aspectos são fundamentais para o sucesso dos sistemas de informações no turismo:

- **qualidade do acesso**: a aceitação de um sistema de informação particular para o turismo depende de confortável e poderosa capacidade de acesso;
- **qualidade do conteúdo**: desde que a informação tenha sido identificada como um dos mais importantes parâmetros de qualidade para serviços eficientes, um sistema de informações em turismo tem de focar-se no aspecto conteúdo para proporcionar informações turísticas compreensivas, detalhadas e precisas;
- **habilidade para customizar todo o sistema**: para tanto, o sistema deve representar uma plataforma genérica permitindo a apresentação de destinações arbitrárias e também integrar diversos tipos de provedores de informações turísticas.

Percebe-se, portanto, que a tecnologia da informação como ferramenta para a abordagem logística no turismo permitirá níveis superiores de integração para o planejamento e controle de sistemas

[2] São sistemas computacionais do geoprocessamento que permitem a realização de análises complexas ao integrar dados de diversas fontes.

turísticos. Dessa forma, maiores níveis de serviços serão proporcionados aos consumidores a custos significativamente menores.

CONSIDERAÇÕES FINAIS

Durante muitos anos, a logística serviu aos objetivos militares de fornecer os suprimentos necessários aos exércitos situados na frente de batalha, onde quer que eles estivessem ou precisassem chegar. Hoje, ela se preocupa com a satisfação dos consumidores através do nível de serviço adequado. Portanto, a logística abandonou a caserna e passou a atuar no marketing na capacitação das organizações.

No setor de turismo isso não é diferente. As organizações envolvidas, devido a sua variedade e complexidade, necessitam encontrar formas de entregar a satisfação. Para tanto elas se unem integrando atividades de operações e logística, determinam níveis dos serviços a ser prestados, formam alianças estratégicas e procuram estabelecer relacionamentos de longo prazo entre fornecedores e clientes.

A chave para a realização dessas coordenações está no uso intensivo da tecnologia da informação. Ela permite tanto aos operadores quanto aos turistas planejarem viagens e integrarem múltiplos prestadores de serviços de tal forma que criam um conjunto de serviços que forma um pacote turístico personalizado e com custos acessíveis.

Pode-se ainda concluir que a logística exerce importante papel na organização dos serviços turísticos, pois essa área de estudos preocupada com fluxos de materiais e de pessoas é capaz, como nenhuma outra área, de realizar o potencial competitivo das empresas do setor de turismo e das destinações turísticas.

Ratificando os conceitos apresentados, pode-se considerar a afirmação de Beni (1997: 181), "[...] o processo de distribuição é o conjunto de medidas tomadas com o objetivo de levar o produto ou serviço do produtor ao consumidor".

Finalmente, conclui-se que a logística é o campo de estudo preocupado com os processos de entrega de valor para os clientes.

REFERÊNCIAS BIBLIOGRÁFICAS

BALLOU, R. H. *Gerenciamento da cadeia de suprimentos, organização e logística empresarial.* 4. ed. Porto Alegre, Bookman, 2002.

BENI, M. C. *Análise estrutural do turismo.* São Paulo, Senac, 1997. 516p.

BOWERSOX, D. J. & CLOSS, D. J. *Logistical management. The integrated supply chain process.* Nova York, McGraw-Hill, 1996. 730p.

CAMARA, G. & MEDEIROS, J. S. "Princípios básicos em geoprocessamento". *In:* ASSAD, E.D. & SANO, E.E. *Sistemas de informações geográficas.* 2. ed. Brasília, Embrapa, 1998, p. 1-12.

CHRISTOPHER, M. *O marketing da logística.* São Paulo, Futura, 1999, 220p.

CROTTS, J. C.; AZIZ, A.; RASCHID, A. "Antecedents of supplier's commitment to wholesale buyer's in the international travel trade". *Tourism Management.* Londres, Butteworth-Heinemann, v. 19, n. 2, 1998, p. 127-34.

DORNIER, P. P. *et al. Logística e operações globais.* São Paulo, Atlas, 2000, 721p.

KUAZAQUI, E. *Marketing turístico e de hospitalidade.* São Paulo, Makron Books, 2000, 216p.

PROLL, B. & RETSCHITZEGGER, W. "Discovering next generation tourism information systems: a tour on discover". *Journal of Travel Research.* EUA, TTRA, v. 39, nov./2000, p. 182-91.

SHELDON, P. J. "Introduction to the special issue on tourism information technology". *Journal of Travel Research.* EUA, TTRA, v. 39, nov./2000, p. 133-5.

SMITH, S. "The Tourist Product". *Annals of Tourism Research.* EUA, University of Wisconsin-Stout, v. 28, n. 3, 1993, p. 582-95.

PREMISSAS SOBRE A COMPETITIVIDADE DA HOTELARIA

Catarina de Fátima da Silva
Gregório Varvakis

INTRODUÇÃO

A incessante busca pela conquista de vantagem competitiva remete ao estudo das estratégias adotadas pelas organizações e a desvendar os caminhos da competitividade em serviços, no intuito de estabelecer meios para obtê-la e estabelecer critérios que permitam reconhecer e assegurar a continuidade de capacidades e habilidades operacionais, tecnológicas e humanas particularmente desenvolvidas ou adquiridas pela organização, transformando-as em competências essenciais.

A palavra estratégia pode ser definida de diversas formas: significa desde formulação de planos, direção, guia, curso de ação para o futuro, até uma posição, perspectiva ou, ainda, planos da alta direção para atingir determinados objetivos (Mintzberg, 2000). Para o mesmo autor, existem estratégias pretendidas e estratégias realizadas que se diferenciam quanto a seu posicionamento.

Estratégia pode ser descrita como uma ação ou reação que leva a organização a obter uma vantagem competitiva sobre seus concorrentes.

A procura pela estratégia competitiva adequada que leve a uma vantagem competitiva torna-se um desafio constante para os gestores de toda e qualquer indústria, principalmente para a indústria hoteleira, devido à complexidade de variáveis que envolvem a tomada de decisão. O gestor deve conhecê-las e, na medida do possível, estabelecer meios para identificá-las, tanto no ambiente organizacional quanto fora dele, e utilizá-las a seu favor. Considera-se que as diferenças entre os desempenhos médios das empresas de uma indústria são geradas em função das diferentes decisões estratégicas das empresas, isto é, a forma pela qual cada indústria administra seus recursos (Porter, 1989).

Para Porter (1989: 3) "a ênfase da estratégia competitiva está na estrutura da indústria e na análise do concorrente em vários meios industriais". A estratégia competitiva deve ser resultado de um entendimento das regras da concorrência que ditam a *atratividade* de uma indústria. Segundo esse autor, o objetivo da estratégia competitiva é utilizar essas regras em benefício da organização. Afirma ainda que as regras da concorrência estão englobadas em cinco forças competitivas, a saber:

- a entrada de novos concorrentes;
- a ameaça de substitutos;
- o poder de barganha dos compradores;
- o poder de barganha dos fornecedores; e
- a rivalidade entre os concorrentes da indústria.

Essas cinco forças, na visão desse autor, irão influenciar as ações da organização e determinar a rentabilidade da indústria, e estabelecer com que dimensão cada uma delas atuará, dependendo da *estrutura industrial*, ou seja das peculiaridades de cada indústria. Por outro lado, a estratégia adotada pela organização influenciará as cinco forças, e a indústria poderá adotar estratégias competitivas baseando-se na sua estrutura ou transformando-a (Porter, 1989).

Toda estratégia visa à vantagem competitiva, de acordo com Porter, necessitando para isso proceder a uma escolha relativa ao tipo de vantagem competitiva que se deseja obter e de que maneira, com que recursos se obterá. Com relação a essa escolha, Porter (1989: 10) diz que "ser tudo para todos é uma receita para a mediocridade estratégica e para um desempenho abaixo da média, significando que a empresa não tem absolutamente qualquer vantagem competitiva".

O processo de identificação e criação de uma estratégia de serviços não deve enfatizar somente a qualidade, a agregação de valor ao cliente, e estar de acordo com a missão da organização. Deve também levar em consideração alguns aspectos importantes como definir quais atributos de serviços são os mais importantes para os mercados-alvo; deve conhecer quais os pontos fracos da concorrência e quais as competências e capacidades da organização (Berry,1996; Fitzsimmons & Fitzsimmons, 1998; Lovelock, 2001).

Berry (1996) definiu alguns passos importantes para se identificar uma estratégia eficaz de serviço, que podem ser vistos a seguir:

- **Primeiro:** determinar os atributos mais importantes do serviço para atender e superar as expectativas dos clientes.
- **Segundo:** determinar os atributos importantes do serviço nos quais os concorrentes são mais vulneráveis.
- **Terceiro:** determinar as capacidades existentes e potenciais de serviço de nossa empresa. Avaliar competências e incompetências do serviço, pontos fracos e fortes dos recursos, reputação do serviço, sistema de crenças e razão de ser.
- **Quarto:** desenvolver uma estratégia de serviço que se dirija a necessidades importantes e permanentes do cliente, explorar pontos vulneráveis da concorrência e se ajustar às capacidades e potencial da empresa.

A INDÚSTRIA HOTELEIRA

O hotel pode ser definido, segundo Beni (2001: 195), como "uma empresa de prestação de serviços e diferencia-se completamente de outros estabelecimentos industriais ou comerciais". Para esse autor, a indústria hoteleira representa um dos "elementos essenciais da infra-estrutura turística, constituindo-se suporte para atividade".

Quando se analisa a indústria de serviços, em relação à indústria de manufatura, percebe-se que existem diferenças fundamentais que precisam ser identificadas e levadas em consideração. Segundo Fitzsimmons & Fitzsimmons (1998), a mesma possui características específicas, como a produção e consumo simultâneos, intangibilidade e necessidade da presença do cliente.

Por possuir essas características inerentes a suas atividades e estrutura, o hotel, um prestador de serviço desde o planejamento até o momento de atendimento da necessidade do cliente, apresenta características singulares. Cabe realçar o fato de o cliente estar presente e atuando no processo de prestação de serviço, e a necessidade de materializar, tangibilizar-se esse momento faz com que a indústria hoteleira busque desenvolver características singulares de gestão.

Baseando-se nesses argumentos, um hotel deve utilizar ferramentas apropriadas que o conduzam à conquista de vantagem competitiva, fundamentada em fatores que determinem sua competitividade e atratividade. Dentre essas ferramentas citam-se:

a) o *benchmarking*, utilizado para a avaliação do posicionamento, pelo qual

> compara por meio de algum parâmetro mensurável o desenvolvimento de uma operação fundamental da empresa com uma operação semelhante em outras organizações. O melhor da classe nesta operação pode servir de modelo a ser seguido para se alcançar a melhoria da operação (Silva, 2001: 99);

b) a inteligência competitiva, que procura informações básicas sobre os concorrentes que podem ser obtidas com acesso a bancos de dados comercializados por companhias especializadas;
c) a sondagem ambiental, que, entre outras coisas, auxilia a melhorar as ações estratégicas em busca da vantagem competitiva; ou, ainda,
d) a construção de cenários, que atualmente tornou-se popular, com o objetivo de visualizar estados alternativos da situação futura de uma organização (Mintzberg, 2000; Robbins, 2000).

Na questão da competitividade os cenários são vistos como um estimulante da criatividade, mesmo que nenhum se aplique perfeitamente a uma dada situação, e abrem novas possibilidades para que os planejadores possam prever o futuro através de suposições ou especulações sobre esse futuro, fazendo o que se pode denominar de *insight*. Dessa maneira, propiciam o desenvolvimento de planejadores, melhorando a maneira como planejam. Mais recentemente, segundo Mintzberg,

> outros autores em busca da personalidade empreendedora voltaram-se para as descobertas da escola cognitiva e constataram que os empreendedores categorizavam cenários de forma muito mais positiva que outras pessoas, isto é, eles identificavam mais forças *versus* fraquezas, oportunidades *versus* ameaças e potencial para melhoria de desempenho versus deterioração (Mintzberg, 2000: 104).

Quando se observa a indústria hoteleira, tomando como referência a de Santa Catarina, que, segundo Silva (1999: 2),

> sofre além do incremento da concorrência interna, desencadeado pela entrada de redes internacionais no Estado, influências de outros mercados concorrentes, que, de certa forma, estão investindo um maior número de recursos para aperfeiçoar a oferta de produtos e serviços que satisfaçam os desejos e necessidades de seus clientes,

nota-se a exigência de que a mesma esteja preparada para desenvolver vantagens competitivas baseadas em suas competências essenciais e complementares, buscando aplicar ferramentas que facilitem a obtenção e sustentação dessa vantagem competitiva – lembrando que a vantagem competitiva passa pela eficiência operacional, não se encerrando na mesma.

A QUALIDADE DOS SERVIÇOS HOTELEIROS COMO DIFERENCIAL COMPETITIVO

Uma característica da empresa somente se torna um diferencial competitivo quando percebido pelo cliente como tal. Assim, a qualidade será um diferencial quando representar para o cliente algo a mais daquilo que ele está acostumado a receber, quando for agregado valor ao serviço ou bem recebido. Se a qualidade não for baseada no que o cliente espera e necessita, ela apenas representará uma melhoria parcial em serviços ou no processo (Fitzsimmons & Fitzsimmons, 1998).

A qualidade pode ser vista como uma vantagem competitiva quando esta se torna superior à qualidade oferecida pelos concorrentes. Essa qualidade, na maioria das vezes, é percebida de maneira subjetiva pelo cliente, por compor a relação de intangibilidade que o produto ou serviço possui, visto que "em serviços, a avaliação da qualidade surge ao longo do processo da prestação, que geralmente ocorre no encontro entre um cliente e um funcionário da linha de frente" (Fitzsimmons & Fitzsimmons, 1998: 249).

Portanto, define-se a satisfação do cliente com a qualidade do serviço a partir da comparação da percepção do serviço prestado com a expectativa do serviço desejado. Pode-se classificar a satisfação do cliente em relação à qualidade como *excepcional* quando esta exceder as expectativas, como *satisfatória* quando atende às expectativas, e como *inaceitável* quando ela não atende às expectativas (Fitzsimmons & Fitzsimmons,1998).

A qualidade em serviços não está apenas na conformidade dos processos, mas sim no atendimento das necessidades e expectativas dos clientes. A qualidade nos serviços pode ser obtida pelo investimento em conhecer o que satisfaz ou não as necessidades e expectativas dos clientes, bem como pela alteração dos processos de forma a atender a essas novas expectativas e necessidades, o que pressupõe aprendizado contínuo. Considerar sistematicamente a opinião do cliente e usar um sistema de informações sobre qualidade, que facilite a tomada de decisão, é importante para manter um desempenho superior com qualidade.

A qualidade dos serviços prestados determina a vantagem competitiva da organização. A obtenção da satisfação do cliente com o serviço oferecido fará com que este volte ou não a consumir os serviços de determinada empresa. Considerando-se que a qualidade pode ser facilmente imitada pelos concorrentes, ela necessita ser superior, não apenas se examinando soluções técnicas; a qualidade em serviços deve estar entrelaçada com a capacidade de interação entre cliente e fornecedor, o que alguns autores denominam de a hora da verdade.

Quando ocorre um desempenho acima do que o cliente está esperando, esse serviço é tido como com qualidade superior, ou pode ser considerado apenas adequado se satisfizer o previsto; se, no entanto, este não atingir nem o esperado, o adequado será considerado como abaixo do nível e não trará satisfação alguma ao cliente. Os clientes podem julgar a qualidade dos serviços levando em consideração cinco dimensões que são a confiabilidade, tangibilidade, sensibilidade, segurança e empatia, e responsabilidade (Lovelock, 2001; Fitzsimmons & Fitzsimmons, 1998).

Contudo, a eficiência e a eficácia operacional resultantes de uma gestão de processos adequada não garantem uma vantagem competitiva; é necessário que a empresa tenha também uma estratégia clara e apóie-se em critérios não facilmente repetidos pelos competidores (Nattermann, 2000).

COMPETITIVIDADE DOS SERVIÇOS

A competitividade nos serviços, incluindo os hoteleiros, possui características próprias, que a diferencia das demais, e entre essas características destaca-se a diferenciação e o custo.

Porter (1989) afirma que existem apenas dois

> tipos básicos de vantagem competitiva que uma empresa pode possuir: baixo custo ou diferenciação. Estas combinam com o escopo de uma determinada empresa – a gama de segmentos de mercado visados – para produzir três estratégias genéricas para alcançar um desempenho acima da média numa indústria: liderança em custo, diferenciação e foco (Porter, 1989: 84).

A liderança em custos exige que as empresas de serviços, como é o caso da indústria hoteleira, utilizem métodos variados de incremento de sua eficiência, que envolvam investimentos em tecnologia, processos para conquistar fatias de mercado. A diferenciação para Fitzsimmons & Fitzsimmons (1998) reside na criação de um serviço que é percebido como sendo o único, ou seja, oferece ao consumidor características únicas que ampliam o valor desse serviço. A focalização está relacionada com a satisfação de um mercado-alvo específico e as necessidades particulares desses clientes, sendo considerada uma combinação entre as duas estratégias anteriores, na qual o fornecedor de serviço identifica e fornece o valor adequado para um segmento de mercado.

A competitividade baseada em custos implica em adequar estratégias que assegurem a vantagem competitiva da organização. Quando o cliente opta por um serviço, está avaliando os benefícios advindos do serviço em relação a seus custos. Os riscos que podem surgir com a adoção dessa estratégia estão relacionados com a incapacidade de perceber e adiantar-se às mudanças tecnológicas que podem anular as experiências e o aprendizado contínuo, às mudanças necessárias nos produtos ou na comercialização dos mesmos, bem como às pressões exercidas pelos fornecedores, pois existe baixa flexibilidade para enfrentar os incrementos de custo de insumos. Mas, como vantagem, pode-se citar a obtenção de rendimentos superiores aos competidores, o que proporciona uma posição favorável diante dos concorrentes.

Segundo Lovelock (2001), entre os custos que compõem o valor percebido pelo cliente em relação ao serviço oferecido encontram-se os custos financeiros e os custos não-financeiros dos serviços para os clientes, os quais, devido ao alto grau de contato com o cliente e participação direta no processo de prestação do serviço, atuam diretamente sobre o cliente, muitas vezes provocando "desgaste físico e mental e exposição a experiências sensoriais indesejadas como ruído, calor e cheiros" (Lovelock, 2001: 272) e também podem criar custos psicológicos, como a ansiedade. Lovelock agrupa os custos não-financeiros do serviço em quatro categorias distintas:

- *Custos físicos do serviço,* que representam os custos com espera durante a realização ou processo de serviço.
- *Custos psicológicos do serviço,* muitas vezes relacionados com o processo de entrega do serviço, resultando em esforço mental, sensações de incompetência ou medo.
- *Custos sensoriais do serviço,* que são tudo o que afeta os cinco sentidos do cliente durante o processo de entrega do serviço.
- *Custos temporais,* relacionados ao tempo despendido em espera para a obtenção do serviço.

Lovelock (2001) acentua ainda que os custos totais de compra e utilização de um serviço incluem, também, os associados às atividades de procura e os adicionais, que são os advindos de problemas após a conclusão do serviço.

Como resultado de todos esses custos surge o valor líquido, que é tido como a "Soma de todos os benefícios (valor bruto) menos a soma de todos os custos percebidos do serviço."

Diante do exposto pode-se inferir que a organização que procura obter vantagem competitiva em custos deve preocupar-se em:

a) reduzir os custos temporais do serviço, agilizando o processo de realização do serviço, b) minimizar os custos psicológicos indesejados; c) eliminar os custos físicos durante os processos de procura e entrega do serviço; d) minimizar os custos sensoriais desagradáveis, criando ambientes que propiciem bem estar ao cliente. Enfim, ela deve observar como reduzir ao máximo os efeitos dos custos não-financeiros sobre seus clientes.

Além disso, algumas empresas estão buscando reduzir seus custos optando por métodos como: focar-se em clientes com demanda por serviços simplificados, a padronização do serviço, a redução da interação no atendimento, a redução de custos por meio do incremento de operações *off-line* (Fitzsimmons & Fitzsimmons, 1998).

A busca pela redução de custos, tanto financeiros como não-financeiros, pode levar a organização a padronizar seus serviços. Este é um procedimento adequado, desde que a organização não perca suas características próprias. A organização deve padronizar os equipamentos e rotinas que não afetam a personalização dos serviços, podendo no entanto oferecer um serviço de *massa*, como classificam Gianesi & Corrêa (1996), no qual o cliente teria um baixo grau de contato, de personalização e de autonomia e a ênfase principal estaria ligada aos equipamentos, *backroom* e produto.

Seguindo a classificação de Gianesi & Corrêa (1996), os serviços, podem, ainda, ser enquadrados em serviços profissionais e loja de serviços. Os serviços profissionais têm a ênfase em pessoas e "são aqueles em que o cliente está geralmente buscando no fornecedor do serviço uma capacitação de que não dispõe, como no caso de serviços médicos ou de assistência jurídica" (Gianesi & Corrêa, 1996: 45). Esse tipo de serviço possui alto grau de contato, personalização e autonomia.

A loja de serviços, em que se classificam os hotéis, "é o processo intermediário no contínuo entre serviços profissionais e os serviços de massa". Nesse processo, mesmo havendo um certo grau de personalização do serviço, pode-se optar pela padronização de algumas operações, não perdendo, no entanto, as características que o diferenciam dos concorrentes.

A baixa flexibilidade a que um serviço de massa conduz deve ser minimizada tanto nos serviços profissionais como na loja de serviços, buscando satisfazer as necessidades e expectativas dos clientes.

Por outro lado, a competitividade baseada na diferenciação busca criar um serviço que é percebido pelo cliente como único, exclusivo para atender a suas necessidades. Fitzsimmons & Fitzsimmons (1998), quando abordam a estratégia de diferenciação, dizem que esta pode tomar várias formas como: imagem da marca, tecnologia, características, serviço ao cliente, rede de distribuição, entre outras. O objetivo central da estratégia de diferenciação é obter a lealdade do cliente, desde que este esteja disposto a pagar o custo que a diferenciação pode requerer.

A estratégia de diferenciação permite obter rendimentos superiores à média do setor, proporcionando uma posição vantajosa e de defesa contra as cinco forças competitivas. A diferenciação protege a empresa contra a rivalidade competitiva porque gera a lealdade dos consumidores, reduz a sensibilidade ao preço, o que aumenta os rendimentos e evita que se procure reduzir custos, da mesma maneira que reduz o poder de barganha dos fornecedores. No entanto, a adoção da estratégia de diferenciação possui certos limites, pois essa vantagem pode ser anulada quando os consumidores optarem por ganhos substanciais em preços, ou quando outros competidores conseguirem imitar o produto ou serviço oferecido, deixando de representar uma vantagem competitiva.

VANTAGEM COMPETITIVA

Muitas abordagens se preocupam em definir vantagem competitiva, e que tipo de estratégia poderia ser adotada com sucesso para se atingir uma vantagem, porém poucas conseguem incorporar o conceito de vantagem competitiva ao cenário organizacional, enfatizando como atingi-la.

As abordagens estratégicas que definem vantagem competitiva podem ser divididas em dois eixos principais, segundo Vasconcellos,

> o primeiro eixo classifica os estudos segundo sua concepção da origem da vantagem competitiva; dois casos são assim identificados, ou seja, as teorias que consideram a vantagem competitiva como um atributo de posicionamento, exterior à organização, derivado da estrutura da indústria, da dinâmica da concorrência e do mercado, e as teorias que consideram a performance superior como fenômeno decorrente primariamente de características internas da organização (Vasconcellos, 2000: 22).

Conduz-se, assim, a obtenção da vantagem competitiva pelos processos de acumulação e utilização de recursos da organização. Segundo essa abordagem, as competências da empresa "residem na capacidade de empregar recursos, freqüentemente combinados, por meio dos processos organizacionais" (Lipparini, 2000: 17), para atingir um objetivo estabelecido. O segundo eixo descreve as abordagens segundo suas premissas sobre a concorrência.

A vantagem competitiva está relacionada com a capacidade ou circunstância que confere à organização uma vantagem relativa sobre suas rivais, ou seja, uma margem sobre seus concorrentes (Porter 1989), e essa margem é obtida por meio da escolha e utilização da estratégia adequada a cada situação.

O processo de estabelecimento da posição de uma organização, em relação a seus concorrentes, passa pela identificação dos critérios utilizados pelos clientes para efetuar a escolha entre várias organizações. Fitzsimmons & Fitzsimmons (1998), quando se referem à competição entre as empresas, estabelecem alguns critérios que denominam *ganhadores de serviços, qualificadores* e *perdedores de serviços.* Dependendo do critério adotado, a organização será ou não considerada adequada para prestar o serviço desejado e obterá ou não a vantagem competitiva.

Os critérios ganhadores de serviço são aqueles relacionados a preço, conveniência ou reputação, de que o cliente lança mão no momento de escolher o fornecedor de determinado serviço. Os critérios qualificadores englobam a dimensão competitiva da empresa e sua capacidade de manter-se competitiva. E os critérios perdedores de serviços relacionam-se à incapacidade da organização de satisfazer seus clientes (Fitzsimmons & Fitzsimmons, 1998).

O conhecimento, por parte da organização, das suas competências facilita o processo de escolha da estratégia correta; diante de sua *core competence*, poderá estabelecer determinada estratégia e amadurecer novas competências que permitirão à organização enfrentar ameaças e identificar oportunidades. A *core competence* de uma organização engloba as competências essenciais e complementares. As competências complementares estão relacionadas com as operações de serviços e dizem respeito ao controle exercido sobre os serviços considerados complementares, que podem representar diferenciação se a qualidade percebida melhorar e acrescentar valor ao mesmo (Porter, 1999), levando, portanto, em consideração a valorização da base de conhecimentos internos da organização. E as competências essenciais, segundo Oliveira Júnior (1999: 29), "são entendidas como os conjuntos de conhecimentos que diferenciam uma empresa estrategicamente"; essas se desenvolvem em áreas específicas, agregando a interação entre recursos humanos, tecnológicos e estruturais e são aquelas que representam a fonte de vantagem competitiva para a organização, são competências que representam a força motriz para a percepção e apreensão de novas oportunidades, baseadas em novas capacidades que ainda não são reconhecidas como sendo essenciais para a organização (Lipparini, 2000; Mintzberg, 2000).

Prahalad e Hamel (1990) criaram um conjunto de noções sobre a competência central (essencial), no qual as raízes da vantagem competitiva podem ser encontradas nas competências centrais da empresa. Para ilustrar melhor essa idéia, os autores utilizam a metáfora de uma *árvore de competência*:

> A corporação diversificada é uma grande árvore. O tronco e os principais galhos são produtos centrais, os ramos menores são unidades de negócios; as folhas, as flores e as frutas são produtos finais. O sistema de raízes que provê nutrientes, sustento e estabilidade

> é a competência central. Você pode deixar de ver a força dos concorrentes olhando somente para seus produtos finais, assim como deixa de ver a força de uma árvore se olhar somente para suas folhas (Prahalad & Hamel, 1990: 82).

Esses autores acreditam que a vantagem competitiva deriva de capacidades enraizadas que estão embutidas nos produtos e serviços de uma organização, não sendo fácil imitá-las devido a seu caráter oculto (raízes da árvore), e sugerem que existem três maneiras para se identificar as competências centrais de uma empresa: essas competências provêem "acesso potencial a uma ampla variedade de mercados"; elas "devem fazer uma contribuição significativa para os benefícios percebidos pelo cliente do produto final" e "devem ser difíceis para os concorrentes imitarem" (Prahalad & Hamel, 1990: 82).

Tampoe relacionou alguns fatores que a organização pode utilizar para determinar se uma competência é realmente essencial. Primeiro, ela deve ser

> [...] essencial à sobrevivência corporativa a curto e a longo prazos, segundo, invisível aos concorrentes, difícil de imitar, exclusiva da corporação, uma mistura de aptidões, recursos e processos, uma capacidade que a organização pode sustentar ao longo do tempo, maior que a competência de um indivíduo, essencial para o desenvolvimento de produtos centrais e produtos finais, essencial à implementação da visão estratégica da corporação, essencial para as decisões estratégicas da corporação, e finalmente negociável e comercialmente valiosa e em pequeno número (Tampoe, 1994: 69).

O aproveitamento adequado de recursos humanos, tecnológicos e estruturais, com certeza conduzirá a organização à obtenção da vantagem competitiva. Para Lipparini *et al.* (2000: 17), "o empreendedorismo e os recursos humanos emergem como condutores do crescimento e como atributos fundamentais para a elevação da base de competências de uma organização". A obtenção da vantagem competitiva, segundo Brandão, caminha em direção à "ênfase nas pessoas como recurso determinante do sucesso organizacional, uma vez que a busca pela competitividade impõe às empresas a necessidade de contar com profissionais altamente capacitados, aptos a fazer frente às ameaças e oportunidades do mercado" (Brandão & Guimarães, 2001: 9).

CONSIDERAÇÕES FINAIS

A competitividade da indústria hoteleira passa pela identificação das características presentes nos serviços oferecidos, nas particularidades inerentes a estes e na condução das estratégias estabelecidas para gerir sua eficiência operacional; na utilização adequada de ferramentas que permitem o aumento da competitividade; e principalmente no reconhecimento de suas capacidades e habilidades operacionais, tecnológicas e humanas, observando as características do segmento em que atua e o público que pretende atingir.

A eficiência operacional da indústria hoteleira pode ser incrementada pelo gerenciamento de seus processos críticos, que serão definidos como prioritários, ou não, pelas necessidades e expectativas dos clientes. Manter constante interação com os clientes, funcionários preparados, processos ágeis e flexíveis, bem como qualidade nos serviços, possibilitarão à indústria hoteleira gerir com maior propriedade seus recursos para o alcance da vantagem competitiva.

REFERÊNCIAS BIBLIOGRÁFICAS

BENI, M. C. *Análise estrutural do turismo*. São Paulo, Senac, 2001.

BERRY, L. *Serviços de satisfação máxima*: guia prático de ação. Rio de Janeiro, Campus, 1996.

BRANDÃO, H. P. & GUIMARÃES, T. A. "Gestão de competências e gestão de desempenho: tecnologias distintivas ou instrumentos de um mesmo constructo?". *Revista de Administração de Empresas*. São Paulo, v. 41, n. 1, jan./mar./2001, p. 8-15.

FITZSIMMONS, J. & FITZSIMMONS, M. *Service management*: operations, strategy and information technology. Nova York, McGraw-Hill, 1998.

GIANESI, I. N. & CORRÊA, H. L. *Administração estratégica de serviços*. Operações para satisfação do cliente. São Paulo, Atlas, 1996.

LIPPARINI, A. *et al.* "Como sustentar o crescimento com base nos recursos e nas competências distintivas: a experiência da Illycaffe". *Revista de Administração de Empresas*. São Paulo, v. 40, n. 2, abr./jun./2000, p. 16-25.

LOVELOCK, C. *Serviços*: marketing e gestão. São Paulo, Saraiva, 2001.

MINTZBERG, H. *Safári de estratégias*: um roteiro pela selva do planejamento estratégico. Porto Alegre, Bookman, 2000.

NATTERMANN, P. M. "Best practice ≠ best strategy". *The McKinsey Quartely*. Nova York, n. 2, 2000, p. 22-31.

OLIVEIRA JUNIOR, M. M. "Linking strategy and the knowledge of the firm". *Revista de Administração de Empresas*. São Paulo, v. 39, n. 4, out./dez./1999, p. 29-37.

PORTER, M. E. *Vantagem competitiva*: criando e sustentando um desempenho superior. Rio de Janeiro, Campus, 1989.

_______. *Competição* (*on competition*): estratégias competitivas essenciais. Rio de Janeiro, Campus, 1999.

PRAHALAD, C. K. & HAMEL, G. "The core competence of the corporation". *Harvard Business Review*. v. 68, n. 3, maio/jun./1990, p. 79-9.

TAMPOE, M. "Exploiting the core competence of your organization". *Long Range Planning*. v. 27, n. 4, 1994, p. 60-77.

ROBBINS, S. P. *Administração*: mudanças e perspectivas. São Paulo, Saraiva, 2000.

SILVA, C. F. da. *Melhoria da qualidade em serviços*: uma aplicação em hotéis. Florianópolis, 1999. Dissertação (Mestrado em Engenharia de Produção). Universidade Federal de Santa Catarina, 1999.

SILVA, C. F. da. "Estratégias de operações de serviços hoteleiros". *Turismo: visão e ação*. Itajaí, Univali, ano 3, n. 7, mar./2001, p. 95-101.

VASCONCELLOS, F. C. "Vantagem competitiva: os modelos teóricos atuais e a convergência entre estratégia e teoria organizacional". *Revista de Administração de Empresas*. São Paulo, v. 40, n. 4, out./dez./2000, p. 20-37.

GESTÃO DO TURISMO RURAL

Cássio Garklans de Souza Oliveira

O NOVO RURAL BRASILEIRO

O Brasil é um país com grande extensão territorial e forte aptidão rural. Embora essa afirmação seja muito difundida, baseada na própria história de colônia produtora de bens primários, nas características climáticas e nas suas dimensões continentais, dados oficiais do desenvolvimento brasileiro indicam um alto grau de urbanização, tendo atingido 81,2% em 2000.

Porém, a constatação de que meio rural está sucumbindo diante da urbanização é apenas aparente, visto que a interpretação dos dados pode ser bastante tendenciosa. De acordo com o Decreto-Lei n. 311/38, deve ser considerada urbana toda sede de município e de distrito, independentemente das características que apresentem.

Assim, aplicada aos dados do Censo 2000, a atual classificação dos aspectos rurais e urbanos apresenta um cenário no qual existiam 5.507 sedes de município, que, conseqüentemente, deveriam ser consideradas áreas urbanas. Entretanto, a análise detalhada dos dados do Instituto Brasileiro de Geografia e Estatística (IBGE) (2000) que resultaram no grau de urbanização nacional indica que mesmo as 4.642 sedes municipais (84,3% do total) com menos de 20 mil habitantes são consideradas tão urbanas quanto as metrópoles (Veiga, 2002).

Para tornar a análise dos dados mais condizente com a realidade e permitir um reentendimento da divisão entre o meio rural e o urbano, Veiga propõe uma re-classificação dos municípios, que deveria considerar três aspectos para uma distinção urbano-rural mais fidedigna: a) tamanho populacional do município; b) densidade demográfica; e c) localização.

De acordo com essa forma de avaliação, poderiam ser considerados como essencialmente urbanos os 455 municípios componentes das doze aglomerações metropolitanas, das 37 demais aglomerações e outros 77 centros urbanos, onde se concentravam 57% da população em 2000 (IBGE, Ipea e Unicamp, 1999).

Considerando os parâmetros para classificar um município como sendo de pequeno porte e com características rurais – possuir menos de 50 mil habitantes e menos que 80 habitantes /km^2–, conclui-se que o Brasil essencialmente rural é formado por 80% dos municípios, em que moram 30% dos brasileiros (Veiga, 2002). Isso demonstra que o Brasil, embora rumo à urbanização, ainda é essencialmente rural, carregando com isso toda a riqueza cultural e natural de seu povo.

Já os dados do Projeto Rurbano (IE/ Unicamp) demonstram que em 1999, de um total de 14.850.576 pessoas rurais ocupadas no país, 4.620.067 (ou 31,1%) estavam ocupadas em atividades não-agrícolas. Desse total, 1.276.592 pessoas (ou 27,6%) estavam ocupadas no ramo de prestação de serviços. Esse tipo de atividade é uma tendência crescente, que leva à caracterização do meio rural brasileiro como não mais essencialmente agrário – ele adquire, assim, novas funções e novos tipos de ocupações.

Segundo Campanhola & Silva (2000), essa realidade do chamado "novo rural brasileiro" vem incorporando profissões tipicamente urbanas, que proporcionam moradia a nichos específicos da população e propiciam novas formas de lazer e de fonte de renda.

Entre as atividades não-agrícolas desenvolvidas no meio rural, ressalta-se o turismo rural, por suas características de envolvimento de mão-de-obra familiar, valorização da ruralidade, possibilidade de agregação de valor aos produtos e ao ambiente rural e interiorização das atividades turísticas.

O TURISMO RURAL

As discussões teóricas e as manifestações práticas da atividade indicam que, mesmo ainda não havendo consenso sobre a exata definição dessa modalidade turística, suas principais linhas norteadoras já estão consolidadas. As divergências teóricas sobre o assunto se concentram na confusão de termos, no entendimento do que seja espaço rural e nas características da formatação do produto turístico.

A importância da definição extrapola sua importância conceitual e permeia suas inúmeras formas de manifestação, estando assim diretamente relacionada com o fator gestão do negócio, já que no turismo rural a prestação de serviços turísticos com qualidade tem de conviver harmoniosamente com as práticas agrícolas e o modo de vida tipicamente rural.

Uma das primeiras confusões está relacionada ao uso indiscriminado das expressões "turismo rural" e "turismo no meio, área ou espaço rural". Essa diferenciação, embora aparentemente irrelevante, produz conseqüências significativas na formatação do produto turístico e na própria conceituação do empreendimento.

Embora essas expressões sejam utilizadas como sinônimos por alguns autores, o turismo rural deve ser entendido como uma das muitas modalidades de turismo que podem ser desenvolvidas no meio rural. Assim, a modalidade turística (turismo rural) não deve ser confundida com o termo que designa a região onde se desenvolve, no caso áreas rurais.

Também é nítida e latente a diferença entre hotel-fazenda e fazenda-hotel. A primeira se caracteriza pela estrutura tipicamente hoteleira localizada no meio rural enquanto a segunda é uma propriedade rural, comprometida com a produção agropecuária, que, se estruturou para receber visitantes. Sendo assim, essas modalidades de turismo no espaço rural devem ser consideradas diferentes, sendo a segunda entendida como "turismo rural".

Outro fator importante na caracterização do turismo rural é a geração de ocupações e rendas complementares às atividades agrícolas, que devem continuar a fazer parte do cotidiano da propriedade rural, em menor ou maior intensidade. Assim, o turismo deve ser entendido como parte de um processo de agregação de serviços aos produtos agrícolas e de valorização dos bens não-materiais existentes nas propriedades rurais, como ar puro, beleza cênica etc.

Todos esses fatores devem ser considerados pelo empreendedor no momento da concepção e gerenciamento da atividade, sendo essas preocupações justificadas também pela necessidade de fornecer ao consumidor um produto turístico dentro de critérios preestabelecidos. O público freqüentador do verdadeiro turismo rural, quando induzido por campanhas de marketing a freqüentar um hotel-fazenda, normalmente se sente enganado e, conseqüentemente, frustrado. Da mesma forma se sentiria uma pessoa com perfil de freqüentador de hotel-fazenda erroneamente orientado a fazer turismo rural.

Atualmente, a melhor definição[1] de turismo rural, apoiada pela Associação Brasileira de Turismo Rural (Abraturr), é a que o conceitua como "o conjunto de atividades turísticas desenvolvidas no meio rural, comprometido com a produção agropecuária, agregando valor a produtos e serviços, resgatando e promovendo o patrimônio cultural e natural da comunidade".

É extremamente importante salientar que, embora o turismo rural esteja associado à rusticidade, sua concepção não deve impor desconforto aos turistas. Muito pelo contrário, uma das grandes dificuldades da atividade está em conseguir conciliar bons serviços, praticidade, autenticidade, segurança e higiene ao atendimento tipicamente familiar e às características campesinas, possibilitando ao hóspede vivenciar a rotina de uma propriedade rural de maneira segura e tranqüila.

O estudo do perfil dos proprietários de empreendimentos de turismo rural possibilitou sua aglutinação em três grupos distintos, relacio-

---

[1] Esta definição foi discutida e apresentada no Congresso Internacional de Turismo Rural, realizado em 1998 pela Universidade Federal de Santa Maria, e inicialmente divulgada pela Carta de Santa Maria.

nados a seus objetivos e às características que motivaram a implantação do turismo nas propriedades: autêntico, sazonal e investidor.

- AUTÊNTICO: produtor rural e residente na propriedade

Para os integrantes deste grupo, a atividade turística é uma forma de tentar capitalizar a propriedade que, na maioria dos casos, não consegue gerar lucro apenas com a produção primária. Esta situação muitas vezes resulta do declínio da agricultura de pequeno porte em todo o país.

As propriedades são normalmente pequenas ou médias, e o turismo é implantado com baixo investimento inicial, aproveitando muito da infra-estrutura já existente no local.

A família proprietária reside no local e os filhos mais velhos, interessados em estudar, normalmente têm a tendência de abandonar o meio rural em busca de cidades maiores, qualidade de ensino e contato com as oportunidades oferecidas pelos centros urbanos.

O tipo *autêntico* normalmente tem pouca informação técnica sobre turismo e, quando sente necessidade, vai buscá-la em órgãos como o Sebrae e as secretarias de Agricultura ou de Turismo.

- SAZONAL: propriedade rural como segunda residência

Neste grupo, o turismo rural se associa à possibilidade de melhoria da qualidade de vida do proprietário, que normalmente tem a intenção de desenvolver uma atividade profissional menos desgastante do que aquela exercida em centros urbanos e de conseguir conciliar vida profissional e pessoal com maior segurança.

A propriedade rural, na maioria dos casos, era utilizada como segunda residência antes do início do turismo e mantida com a pequena receita da venda de produtos locais, complementada por investimentos oriundos da principal atividade profissional do proprietário.

O turismo é comumente iniciado de forma paulatina, com a implantação de um pequeno restaurante e atividades de lazer para grupos (principalmente estudantes), ou de uma pequena pousada. Em ambos os casos, o empreendimento comumente funciona apenas nos finais de semana e tem o objetivo principal de minimizar as despesas com a propriedade. Apenas com o reinvestimento e um pouco mais de confiança do sucesso na atividade é que equipamentos turísticos são instalados.

Com o crescimento do turismo, a propriedade rural acaba se tornando residência permanente ou, pelo menos, o tempo de permanência dos proprietários no local aumenta significativamente. São comuns investimentos entre 20 e 100 mil reais para o início do turismo nesta situação.

Os proprietários costumam ter elevado nível sociocultural e buscam informações complementares para o desenvolvimento da nova atividade em cursos, palestras, e apoio técnico no Sebrae e em consultorias especializadas.

- INVESTIDOR: sem vínculos com o meio rural

Para este grupo, o turismo rural é uma oportunidade de negócio, relacionada também à melhoria da qualidade de vida. Caracteriza-se pelo alto investimento inicial no empreendimento, responsável algumas vezes até pela compra do imóvel, que é projetado para atender a um público com alto poder aquisitivo. Consultorias especializadas são contratadas para a elaboração do estudo de viabilidade, de um plano de marketing e para a estruturação do empreendimento, entre outros aspectos.

Embora esses empresários tenham "consciência ambiental", os altos valores investidos podem induzir a uma política de rápido retorno de capital, ocasionando sérios impactos ao ambiente natural.

A rusticidade com conforto, presente na maioria dos outros dois grupos, é substituída pelo conforto rústico, ou seja, é feito um planejamento arquitetônico para a otimização das particularidades do local e é desenvolvido um projeto específico para lhe conferir as características rurais esperadas pelo público consumidor.

Essa manifestação do turismo rural, muitas vezes, situa-se no limite conceitual de turismo rural e de hotel-fazenda.

Independentemente do motivo de inserção, é observado que essa atividade está se desenvolvendo acentuadamente nos últimos anos, sofrendo permanentes transformações. Porém, as características do campo são os principais motivadores do turismo rural e é imperioso mantê-las em equilíbrio para que o próprio negócio possa desenvolver-se de maneira sustentável.

Nas últimas décadas a preocupação com os problemas relacionados ao meio ambiente vem induzindo propostas que gerem atividades econômicas sustentáveis, mas a expressão "turismo sustentável" começou a ser utilizada somente a partir do final dos anos de 1980, quando estudantes e profissionais começaram a considerar as implicações do Relatório Brundtland[2] nas atividades relacionadas ao turismo e lazer.

No entanto, embora o turismo rural seja visto como um grande vetor de desenvolvimento sustentável, seu sucesso é, paradoxalmente, um dos principais problemas potenciais dos empreendedores relacionados ao turismo rural e, conseqüentemente, uma das limitações à estruturação da atividade de forma sustentável.

O seu desenvolvimento de forma não planejada pode descaracterizá-la, gerando ampliações e profissionalização demasiada. Isso poderia impactar negativamente o ambiente natural, excluir a comunidade local e desfigurar o contexto de ruralidade. Assim, algumas características básicas do turismo rural – como ser uma atividade de mínimo impacto, relacionada ao turismo brando, não de massa, complementar às atividades tipicamente rurais – não podem ser relegadas.

Nesse sentido, a gestão do turismo rural tem de ser desenvolvida com muita sensibilidade e com responsabilidade para que o limite máximo de crescimento da atividade possa ser identificado antes que

---

[2] Esse relatório, intitulado *Our Common Future,* foi divulgado em abril de 1987 por uma comissão independente criada pela Organização das Nações Unidas (ONU) e tinha como objetivo reexaminar os principais problemas do meio ambiente e do desenvolvimento em âmbito planetário, formular propostas realistas para solucioná-los, e indicar os caminhos para o desenvolvimento sustentável (Dias, 1992: 54).

propriamente ultrapassado, o que geraria, além dos impactos naturais, o descontentamento do público que vinha sendo até então contemplado.

Com isso não se apregoa uma situação estática, no qual o obstáculo ao crescimento quantitativo limite o desenvolvimento econômico do empreendimento, mas que apenas se contextualize o perfil de público e padrão de serviços e investimentos para cada situação e se minimize as possibilidades de investimento desordenado.

Essa preocupação também permeia outro assunto bastante polêmico no âmbito do planejamento e gestão do turismo rural: o fato de a atividade, para manter suas características de atendimento tipicamente familiar, necessitar de um número relativamente restrito de hóspedes simultaneamente pode induzir, pela lei de mercado (oferta-procura), a uma elevação dos preços, transformando o turismo rural em uma atividade elitista.

Embora a degradação ambiental (envolvendo o ambiente natural e os seres humanos) ocorra em toda parte com maior ou menor intensidade, dependendo das técnicas utilizadas no desenvolvimento das atividades praticadas, a falta de critérios que: a) identifiquem e valorizem as características sustentáveis dos empreendimentos perante a necessidade de clientes "ecologicamente corretos"; b) norteiem as ações governamentais na normatização e incentivo à atividade; e c) possibilitem a concretização de parcerias com segurança está relacionada a barreiras para o sucesso desses empreendimentos.

As parcerias são importantes no desenvolvimento do turismo rural e na transformação de atrativos em produtos turísticos, na medida em que interessados de uma mesma região em implantar o turismo rural possam unir-se elaborando roteiros com atrações complementares entre si. Muitas são as experiências bem-sucedidas por todo o país em que proprietários rurais de uma mesma região e com interesses em comum formaram associações para facilitar o desenvolvimento da atividade (Oliveira, 2002).

Para fortalecer e até viabilizar essas parcerias com maior segurança, permitindo sua identificação perante o consumidor como empreendimentos sustentáveis, uma ferramenta que vem sendo desenvolvida para a área do turismo, mas já é amplamente utilizada em outras atividades, é a certificação (Salvati, 2001). No âmbito global, programas de turismo sustentável certificados já estão sendo desenvolvidos por diversos países, e é forte a tendência no Brasil para identificar, perante o consumidor, os empreendimentos turísticos "verdadeiramente rurais".

CARACTERÍSTICAS DOS EMPREENDIMENTOS DE TURISMO RURAL

A fim de contribuir com o desenvolvimento de uma base de dados para o setor e criar padrões médios de comparação, uma pesquisa sobre o perfil dos empreendimentos de turismo rural e sua forma de gestão foi realizada e resultou em valores médios, aplicáveis na maioria das regiões brasileiras.

A capacidade de hospedagem, primeiro fator considerado pela pesquisa, embora extremamente variável pelas características do ambiente, da aptidão dos proprietários em manter o ambiente tipicamente familiar, entre muitos outros fatores (chegando alguns empreendimentos a ter capacidade de recepcionar apenas uma pessoa), dificilmente ultrapassa cinquenta leitos.

Como forma de divulgação, o boca-a-boca é um dos meios mais eficazes (representando a captação de 65 a 82% dos clientes), acompanhado pelo trabalho de agências (principalmente quando o público é composto por escolas e outros grupos) e por *home pages* na internet. Assim, o trabalho com qualidade desenvolvido na propriedade objetivando a satisfação dos clientes é uma das melhores maneiras de divulgar o empreendimento.

O investimento médio observado para a implantação do turismo rural nas propriedades pode ser estabelecido entre R$ 40 mil[3] e R$ 130 mil havendo, porém, casos de início da atividade sem praticamente nenhum investimento financeiro, baseados apenas na adaptação da

[3] Cotação referencial do dólar no período da pesquisa: R$ 3,41.

estrutura já existente e na recepção de um número reduzido de turistas. A diária completa, usualmente cobrada durante os finais de semana e feriados, inclui quatro refeições, atividades e pernoite, e varia entre R$ 30 e R$ 130 por pessoa. Alguns proprietários cobram à parte as atividades (como passeios a cavalo e caminhadas por trilhas). Durante a semana, o dia na fazenda com duas refeições incluídas e passeios custa entre R$ 15 e R$ 60 por pessoa.

Em praticamente todos os casos observados no Brasil, a rentabilidade do turismo é maior que a das atividades agrícolas, principalmente quando comparadas em valores absolutos, empolgando muitos proprietários. Porém, tais comparações, para a correta interpretação, são extremamente complexas e, quando feitas erroneamente, acabam por indicar situações irreais, que levam a conclusões precipitadas sobre a rentabilidade.

Uma simulação desse tipo de comparação foi desenvolvida e é apresentada na Tabela 1, considerando uma propriedade com 100 hectares, localizada a 190 km da cidade de São Paulo, que pode desenvolver a atividade leiteira e a turística. Para tanto, foi considerada a média de produtividade e rentabilidade para regiões leiteiras do estado de São Paulo nos itens referentes à propriedade produtora de leite[4], com nível tecnológico de médio a médio-baixo.

Já os dados expostos como pertencentes a uma propriedade cuja principal atividade é o turismo rural foram obtidos como médias ponderadas, sendo considerado um exemplo condizente com a realidade.

[4] Dados adaptados a partir de informações fornecidas pelo engenheiro agrônomo Valter Bertini Galan (Cepea/ Esalq/ USP), referentes a projeto de pesquisa desenvolvido pela engenheira agrônoma Vanessa Kraide Fellet.

Tabela 1 – Comparação entre as atividades agrícola e turística

Atividade **Produção de leite**		Atividade **Turismo rural**	
A. Características gerais		**A. Características gerais**	
Número de vacas	57	Capacidade de hospedagem (pessoas/dia)	40
Preço médio recebido pelo leite (R$)	0,264	Diária completa (R$/ pessoa)	65,00
Custo direto do litro de leite (R$)	0,249	Taxa de ocupação[5] (%)	30
Produção anual de leite (litros)	105.346,80	Nº de diárias/ano	4.320
Produção média diária (litros)	292,63	Tempo em atividade (anos)	3
		Familiares envolvidos	3
		Atrativos incluídos na diária: — pensão completa; — atividades de lazer.	
B. Investimentos (R$)		**B. Investimentos (R$)**	
Terra	200.000,00	Terra	200.000,00
Rebanho	50.529,20	Infra-estrutura (adaptação e const.)	150.000,00
Máquinas e equipamentos	20.016,34	Treinamento de mão-de-obra/capacitação	1.000,00
Benfeitorias	38.349,51	Consultoria	9.000,00
TOTAL SEM TERRA[6]	**108.895,05**	**TOTAL SEM TERRA**	**160.000,00**
TOTAL	308.895,05	TOTAL	360.000,00
C. Receita anual (R$)		**C. Receita anual (R$)**	
Leite	27.811,56	Diárias	280.800,00
Animais	7.954,97	Outras (produtos)	25.000,00
Outras	44,94		
TOTAL	**35.811,47**	**TOTAL**	**305.800,00**

[5] Considerando apenas adultos pagantes.
[6] Para cálculos de depreciação, o valor da terra não será considerado.

D. Despesa direta anual (R$)		**D. Despesa direta anual (R$)**	
Alimentação	10.743,11	Mão-de-obra temporária	40.000,00
Mão-de-obra contratada	6.988,69	Mão-de-obra contratada	12.000,00
Manutenção/reparos	529,66	Manutenção e reparos	20.000,00
Energia elétrica	1.302,94	Marketing	9.000,00
Sanidade	2.134,79	Insumos para as refeições servidas	51.840,00
Assist. técnica/serviços de terceiros	454,86	Gerais	8.000,00
Transporte do leite	2.471,64	Energia elétrica	24.000,00
Outros	1.647,99	Impostos[7]	33.739,20
Subtotal	**26.273,67**	**Subtotal**	**198.638,00**
Depreciação[8]	3.623,07	**Depreciação**[9]	16.000,00
TOTAL	**29.896,75**	**TOTAL**	**214.638,00**
SALDO ANUAL		**SALDO ANUAL**	
TOTAL (C-D)	**9.537,80**	**TOTAL (C-D)**	**91.162,00**

Obviamente esta simulação é estática, não permitindo a real demonstração de inter-relações entre as atividades agrícola e turística. Ressalta-se que o turismo rural na propriedade existe, entre outros motivos, pela possibilidade de o turista vivenciar o trabalho do campo, incluindo neste caso de maneira muito relevante a atividade leiteira. Além disso, a ponderação e exata quantificação da importância dessa atividade na composição dos custos e receitas da atividade turística em uma propriedade rural ainda não foram satisfatoriamente abordadas e definidas pelas pesquisas desenvolvidas até o momento, mesmo porque é extremamente difícil a valoração da beleza cênica, do "ar do campo", da "prosa à beira do fogão a lenha", entre outros atributos tipicamente rurais.

[7] Mesmo com toda a problemática fiscal de uma atividade muitas vezes informal, considerou-se tributação de 11% sobre o rendimento bruto.
[8] Obtida pela razão entre o total do investimento realizado e a média ponderada da vida útil de seus componentes.
[9] Considerando vida útil média dos bens componentes do capital investido de 10 anos.

Porém, o objetivo é justamente este: mostrar a forma tendenciosa de comparação entre as duas atividades, como se o turismo não dependesse de todas as características da propriedade e como se a atividade produtiva não permitisse a venda direta ao consumidor que não ao turista.

Entendendo erroneamente as duas atividades como objetos distintos, alguns proprietários muitas vezes vêm implantando o turismo e contabilizando seus resultados de forma separada. Nessa comparação, após cuidar de 57 vacas (incluindo área de pasto, estábulo etc.), a receita diária com a produção de leite seria de R$ 77,25, enquanto uma família de quatro pessoas, durante um final de semana, geraria receita de R$ 390.

A receita líquida obtida com a hipotética propriedade turística é 9,55 vezes maior que a receita simulada com a atividade leiteira. Em ambos os casos, o pró-labore dos proprietários não foi considerado.

COMPETÊNCIAS E HABILIDADES DO EMPREENDEDOR DE TURISMO RURAL

A incorporação de atividades turísticas na rotina da propriedade exige soluções de gerenciamento dos impactos turísticos que possivelmente serão causados, e as sugestões de minimização dos impactos negativos devem vir dos próprios interessados na manutenção da atividade.

A sensibilização para a consciência sustentável precisa despertar no proprietário rural uma reflexão sobre as perspectivas a longo prazo de sua atividade turística. A busca imediatista e desordenada de rendimentos fáceis não é salutar e, provavelmente, induzirá a frustrações futuras. A gestão de um empreendimento de turismo rural deve considerar a importância de se evitar a descaracterização sociocultural para que a demanda seja atraída pelo seu diferencial rural.

O empreendedor precisa ser capaz de entender o processo de planejamento para poder inventariar e diagnosticar os recursos e atrativos e, a partir deles e do interesse da demanda, analisar sua viabilidade, prever materiais, equipamentos e infra-estrutura necessários para proporcionar atividades recreativas internas e externas adaptadas aos distintos públicos-alvo do negócio.

Para que o proprietário rural possa efetuar o planejamento das adaptações físicas necessárias à propriedade, e considerando seu total desconhecimento, na maioria dos casos, a respeito do fenômeno turístico enquanto atividade econômica, é interessante proporcionar-lhe a oportunidade de se exercitar perguntando-se o que o turista gostaria de encontrar. Ainda, as características de seu negócio devem ser delineadas tendo em mente um turista específico, no que diz respeito a variáveis como faixa etária, poder aquisitivo, tempo médio de permanência, número de acompanhantes etc. Isso significa não só conhecer as variáveis que servem para caracterizar um público, mas também desenvolver habilidades de coleta, associação e análise de informações, para que se possa estar fundamentado na tomada de decisões.

O proprietário também precisa ser capaz de avaliar o espaço físico disponível e desenvolver bom senso suficiente para que um estilo harmônico seja respeitado, definindo a conceituação de seu negócio.

Após as decisões relativas às adaptações necessárias, talvez haja dificuldade em quantificar o montante de recursos necessários para realizá-las. Mais do que isso, uma decisão de investimento pode ser difícil de ser tomada, pois o risco envolvido gera insegurança, especialmente em pessoas que não estão habituadas a ele.

Alguns instrumentos de análise de projetos e elementos de matemática financeira podem ser úteis para estudar possibilidades de retorno e gerar confiança, mas é a prática do processo decisório que proporciona convicção. A tomada de decisões em grupo auxilia no exercício de desenvolvimento do processo, e estudos de caso são instrumentos úteis para a análise, ainda que de forma rudimentar, de distintos cenários de investimento e prazos de amortização.

A avaliação do montante a ser investido tem de levar em consideração o preço que o cliente estará disposto a pagar e qual a rentabilidade que esse preço lhe proporcionará, que serviços deverão ser oferecidos, observando-se o desejado pelo turista e sua compatibilidade com o preço, e quantos funcionários serão necessários para prestar esse serviço.

Entretanto, o empreendedor rural terá mais facilidade de prever todos esses aspectos se já possuir alguma intimidade com a operação de meios de hospedagem ou restaurantes. Portanto, é evidente que treinamentos técnico-operacionais complementares são de grande utilidade.

O bom funcionamento de um estabelecimento de hospedagem é respaldado por um conjunto de práticas comerciais, administrativas e operacionais oportunas, somadas ao entendimento das características estruturais e conjunturais da demanda, da oferta concorrencial e do mercado turístico, dependendo não somente do conhecimento dos instrumentos e técnicas tradicionalmente aplicados pelo setor de serviços turísticos, mas também do desenvolvimento de uma aptidão analítica do proprietário rural.

O esforço pela satisfação das necessidades do consumidor, a previsão de suas necessidades e a habilidade de atender a suas expectativas também são qualidades exigidas atualmente para o sucesso de qualquer negócio. Os turistas possuem demandas crescentes e a indústria turística está constantemente competindo para atender-lhes. Para ter sucesso, o empreendedor rural precisa estar disposto a compreender como funcionam as motivações do turista urbano, quais são seus objetivos e preparar adequadamente seus funcionários, até então absolutamente despreparados para a prestação de serviços.

O desenvolvimento de todas essas características no empreendedor de turismo rural é muito difícil, principalmente se for considerado o tipo *autêntico* como sendo o principal ator do processo. Além de eventuais deficiências técnicas no âmbito do turismo, a própria cultura rural faz com que a população autóctone não valorize as próprias tradições e modo de vida, paradoxalmente os maiores atrativos para os moradores tipicamente urbanos, público do turismo rural.

Assim, como um dos maiores insumos do turismo em áreas rurais é a própria vida rural, é imperioso administrar o negócio de forma que o turismo não interfira negativamente nas atividades agrozootécnicas básicas, ou não se torne tão significativo que o número de pessoas por unidade de tempo impacte o meio ambiente ou não permita mais um atendimento individualizado. Quando isso acontece, a propriedade se submete a um esquema de trabalho visando apenas ao retorno financeiro imediato e tende a descaracterizar-se, entrando em um "fluxo de descapitalização" (Oliveira, 2001).

Além dessa visão sistêmica de todo o processo, ações direcionadas, como em qualquer outro empreendimento, são importantes para servir-se sempre o cliente da melhor forma possível.

Dessa forma, é desejável que o empreendedor de turismo rural possua ou desenvolva as seguintes características:

- alguma ligação com o meio rural, para conseguir assimilar ou pelo menos entender algumas das peculiaridades do complexo mundo rural;
- visão de longo prazo, entendendo que o turismo rural é um negócio com baixo retorno;
- simpatia por práticas de mínimo impacto;
- aceitar que a privacidade da família será sensivelmente reduzida com as constantes visitas e interesses dos turistas;
- capacidade para coleta, associação e análise de informações;
- simpatia por trabalho em grupo, para conseguir conduzir e motivar seus funcionários;
- entender o processo de planejamento do turismo rural;
- capacidade de investimento (de tempo, recursos econômicos e financeiros etc.);
- confiança e auto-estima;
- capacidade de esforçar-se pela satisfação das necessidades do consumidor, de prever suas necessidades e habilidade de atender a suas expectativas;
- carisma e hospitalidade;
- bom senso;
- disponibilidade para atender o turista 24 horas por dia;
- interesse em manter as atividades produtivas;
- amor pelo meio rural.

No mesmo sentido de macroanálise do turismo rural, é possível a identificação dos pontos favoráveis ao desenvolvimento da atividade e, também, das maiores dificuldades enfrentadas pelos gestores desse negócio:

- Pontos favoráveis ao desenvolvimento do turismo rural:
  - forte carisma do empreendedor;
  - hospitalidade: atendimento diferenciado;
  - grande riqueza cultural;
  - mídia a favor: valorização da ruralidade e espaço permanente nas novelas com temas rurais, jornais e revistas;
  - "era do estresse": cidadãos urbanos buscam continuamente formas de atenuar o estresse do dia-a-dia no contato com um ambiente amistoso, símbolo das "boas coisas de antigamente";
  - grande diversidade de público-alvo;
  - possibilidades reais de importantes parcerias locais;
  - custo operacional relativamente reduzido;
  - possibilidade de investimento paulatino;
  - otimização de espaço, equipamentos, infra-estrutura e recursos humanos;
  - possibilidade de agregação de valor à produção agrícola e ao ambiente tipicamente rural;
  - solidificação de destinos com união/associação de proprietários rurais;
  - venda de produtos agrícolas diretamente ao consumidor final.

- Dificuldades enfrentadas pelos empreendedores:
  - mão-de-obra local desqualificada;
  - descapitalização;
  - sazonalidade da oferta: oscilação entre períodos produtivos e não-produtivos, mudança das características físicas do ambiente, decorrente das estações do ano etc.;
  - sazonalidade da demanda: oscilação entre períodos de alta e baixa demanda;

- legislação vigente inadequada, que ocasiona os maiores problemas enfrentados pelos gestores do turismo rural e impõe a necessidade de informalidade da atividade à maioria dos empreendimentos;
- linhas de crédito/financiamento não específicas para a realidade do turismo rural;
- organização deficiente dos órgãos públicos;
- sinalização e acesso deficientes, em decorrência da necessidade de apoio governamental;
- sucesso: descaracterização do empreendimento diante do crescimento descontrolado;
- comercialização/divulgação ineficientes.

CONSIDERAÇÕES FINAIS

O turismo rural propicia o contato direto do produtor com o consumidor final, e permite ao primeiro oferecer, além da hospedagem e/ou permanência, a venda de seus produtos *in natura* (frutas, ovos, verduras etc.) ou beneficiados (compotas, bolos, queijos etc.). Assim, consegue melhorar os preços para os dois lados da transação, sendo mais rentável para o produtor, que agrega um valor "natural, fresco e puro" ao produto, e mais barato e saudável para o consumidor, que evita pagar o lucro de intermediários.

Além desse benefício direto, o turismo rural pode ser entendido como importante instrumento para a interiorização do turismo, a difusão de conhecimentos e técnicas das ciências agrárias, a diversificação dos pólos turísticos, a diminuição do êxodo rural, a melhoria da qualidade de vida da população rural, a promoção de intercâmbio cultural, a sensibilização da importância dos recursos naturais e para promover o reencontro dos cidadãos com suas origens. Porém, tantos benefícios aparentes não devem distinguir o turismo rural como a "salvação da lavoura", mas como uma importante fonte de renda complementar às atividades tradicionais, que precisa destas para caracterizar-se.

A atividade, mesmo quando bem estruturada, não proporciona enriquecimento rápido aos proprietários, mas possibilita um significativo aumento dos rendimentos, além do trabalho e de preocupações.

Antes de ser implantado, o turismo rural deve ser planejado para que condições favoráveis e desfavoráveis possam ser identificadas e analisadas. Apenas após a elaboração de um projeto é que ações práticas deveriam ser tomadas para materializar o empreendimento turístico, já que a rusticidade e a informalidade esperadas pelos turistas não devem ser confundidas com falta de organização. O próprio amadurecimento da atividade e o aumento da oferta impõem a necessidade de organização de empreendimentos diferenciados, bem estruturados e ambientalmente corretos.

Isso não significa a perda das características simples que compõem o produto turístico, mas que essa simplicidade terá de ser oferecida com qualidade. Propriedades pequenas, descapitalizadas, ou em áreas distantes dos grandes centros urbanos podem viabilizar o turismo rural com a formatação de roteiros regionais.

A atual fase do turismo rural no Brasil é favorável ao surgimento de novos empreendimentos e deve durar por mais alguns anos. Posteriormente, a tendência é a diminuição no ritmo e na forma de crescimento, passando do aumento quantitativo a um processo de amadurecimento qualitativo.

Assim, esse momento de euforia dos proprietários rurais, respaldado pelo apoio da mídia (através de reportagens, novelas temáticas etc.), precisa ser direcionado e embasado em uma metodologia confiável para a formatação do produto turístico visando à sustentabilidade desses empreendimentos. Caso contrário, a falta de conhecimento neste ramo de atividade e a empolgação momentânea podem levar a experiências malsucedidas e conseqüentes frustrações emocionais e financeiras por parte de quem oferece, divulga, apóia e consome o produto turístico.

REFERÊNCIAS BIBLIOGRÁFICAS

CAMPANHOLA, C. *A sustentabilidade do novo rural brasileiro.* Jaguariúna, digitado, 2002, 22p.

________. & SILVA, J. (ed.) *O novo rural brasileiro:* uma análise nacional e regional. Jaguariúna, Embrapa Meio Ambiente, 2000, 185p.

DIAS, G. F. *Educação ambiental*: princípios e práticas. São Paulo, Gaia, 1992, 399p.

IBGE; IPEA; UNICAMP. *Caracterização e tendências da rede urbana no Brasil.* São Paulo, 1999.

OLIVEIRA, C. G. S. *Viabilidade e sustentabilidade do turismo rural.* Brasília, Convênio Sescoop–MET, digitado, jun./2002, 73p.

OLIVEIRA, C. G. S.; MOURA, J. C.; SGAI, M. (ed.). "Turismo: novo caminho no espaço rural brasileiro." *Anais do 3º Congresso Brasileiro de Turismo Rural.* Piracicaba, Fealq, 2001, 315p.

RUSCHMANN, D. *Turismo e planejamento sustentável:* a proteção do meio ambiente. Campinas, Papirus, 1997, 199p.

SALVATI, S. S. *Certificação em turismo:* lições mundiais e recomendações para o Brasil. Brasília, WWF Brasil, 2001, 80p.

SEBRAE; IPEP. *Perfil de oportunidades de empreendimentos de pequeno porte no turismo rural.* São Paulo, digitado, 1999, 189p.

SWARBROOKE, E. J. *Turismo sustentável:* conceitos e impacto ambiental. São Paulo, Aleph, 2000, 152p.

TULIK, O. "Do conceito às estratégias para o desenvolvimento do turismo rural". *In:* RODRIGUES, A. B. *Turismo e desenvolvimento local.* São Paulo, Hucitec, 1997, p. 136-46.

VEIGA, J. E. D. *Cidades imaginárias:* o Brasil é menos urbano do que se calcula. Campinas, Autores Associados, 2002, 304p.

WTO. *Rural tourism:* a solution employment, local development and environmental. Israel, CEU–ETC Joint Seminar, World Tourism Organization, set./1997, 106p.

QUALIDADE EM EMPRESAS DE ALIMENTAÇÃO

Marcelo Traldi Fonseca

INTRODUÇÃO

Restaurante é um assunto que costuma despertar muita curiosidade, afinal, comida é sempre um tema que toca nos mais íntimos instintos do homem, o prazer e a sobrevivência. Quando nos referimos a sobrevivência, Toussaint Samat nos mostra a extensão do significado desta no desenvolvimento do conhecimento humano afirmando que

> Desde o começo dos tempos, em busca de alimentos, a humanidade tem traçado as lendas do conhecimento do mundo. A fome tem sido o motor de sua marcha à frente. Segue sendo a fonte de todas as energias, boas ou más, o motivo de seu progresso, a origem de seus conflitos, a cartada de sua consciência, o preço de sua dor... Em torno dos alimentos se construíram civilizações, perpetraram crimes, se fez frente a impérios, elaboraram leis e modificaram a cultura. O resto é literatura (1991: 11).

Essa relação do homem com os alimentos mudou sensivelmente, em razão das novas técnicas de conservação e de preparação dos alimentos que foram desenvolvidas. Hoje seria muito difícil que, ao pensar numa cidade para estabelecer domicílio, viéssemos a considerar a possibilidade de obtenção de alimentos. Iríamos, sim, verificar a existência de escolas para nossos filhos, clubes, cinemas, estrutura básica como saúde, eletricidade, entre outros, pois, com as profundas transformações tecnológicas do século passado, a oferta de alimentos tomou caminhos e motivações muito diferentes do que somente a volição humana. A comodidade, a sociabilização, a praticidade, entre tantos outros aspectos, também são levadas em consideração na hora da escolha do tipo de alimentação. Nesse contexto os restaurantes tomaram uma dimensão cada vez maior na rotina da vida moderna e têm ocupado um espaço importante na alimentação humana.

> No momento em que a alimentação torna-se um produto de consumo de massa, as refeições servidas em restaurantes passam por uma evolução. Enquanto ao longo da evolução histórica a casa foi assimilada ao lar – isto é, à cozinha –, na proximidade do terceiro milênio a alimentação se identifica cada vez menos necessariamente com o universo doméstico. Os modos de vida foram modificados profundamente pela urbanização, pela industrialização dos anos 50-60, pela profissionalização das mulheres, pela elevação do nível de vida e de educação, pela generalização do uso do carro, pelo acesso mais amplo da população ao lazer, férias e viagens. Aumenta regularmente o número de refeições tomadas fora de casa, 82% dos franceses declaram comer fora, pelo menos ocasionalmente, além disso o número médio de refeições tomadas fora de casa é de cinco por semana (Fischler, 1998: 850).

Porém, nem sempre foi assim. No início os restaurantes existiam basicamente pela necessidade de sobrevivência – aliás, esta é a origem da palavra, restaurar.

De acordo com uma definição de Futièrre de 1708 (Spang, 2001), a palavra restaurante significa

> alimento ou remédio que tem a propriedade de restaurar as forças perdidas por um indivíduo doente ou cansado. *Consomé* e caldo encorpado, são excelentes restaurantes. Vinho, brandy, e licores são todos bons

> restaurantes para aqueles cujo espírito está sequioso. Alguns restaurantes são destilados de sucos de carnes leves e saborosas combinadas com leve pão branco, estimulando as águas e condimentos, conservas e outros elementos com bons e doces aromas. *Aspic* é também um tipo de restaurante, porém tem uma consistência mais firme do que um caldo restaurante, que é líquido. (*apud* Spang, 2001)

O primeiro restaurante, como conhecemos hoje, foi criado por Boulanger em 1765 em Paris, e na porta de entrada estava a seguinte frase: "Vinde a mim, vós que trabalhais, e restaurarei vosso estômago".

Embora o foco continuasse a ser a restauração das forças pelos alimentos, outras formas de diferenciação de produtos que extrapolavam simplesmente o contexto da alimentação começavam a aparecer. O serviço e o preço já eram fatores que criavam esse diferencial, como observa Pitte ao descrever o ato de ir ao primeiro (próximo dos moldes do que temos atualmente) restaurante em 1765:

> Estava saindo dali para ir jantar no estabelecimento do *restauranteur* da Rue de Poluies; ali se é bem tratado, mas a preço alto. Diferentemente dos *traiteurs*, onde os clientes podem se instalar numa única grande mesa – como era o caso, há pouco tempo, em certas *trattorias* camponesas na Itália ou em tabernas gregas – os *restauranteurs* instalam seus clientes diante de pequenas mesas cobertas com toalhas. Assim, estes escapam da promiscuidade e podem manter propósitos confidenciais ou galantes. Servem-lhes porções individuais de pratos que escolhem numa folha de papel emoldurada, antes de acertar o 'cardápio pagante', isto é, a conta (Pitte, 1991: 98).

Naquele momento da história, os *traiteurs* eram os profissionais responsáveis pela preparação dos alimentos. Eles eram especializados e mantinham uma espécie de reserva de mercado. Assim, se o consumidor quisesse um assado, ele deveria ser produzido e servido unicamente pelo *traiteur rotisseur*, que o serviria em local indicado pelo consumidor, não havendo um lugar específico para o serviço desses alimentos. Portanto, não havia uma casa especializada em servir alimentação, com exceção das tavernas, mas o foco principal destas não era alimento, mas sim bebidas e diversão.

Neste contexto, em 1765 surge a figura de Boulanger, em Paris, que resolveu comercializar caldos restauradores para aquelas pessoas que estivessem com fome, ou seja, pela primeira vez havia a possibilidade de se escolher algum alimento através de um cardápio, em local especialmente concebido para aquele fim. Porém, a idéia inicial era basicamente saciar a fome dos comensais.

Daquele contexto até os dias atuais, o produto restaurante transformou-se e adequou-se às necessidades da vida do homem moderno. Hoje não se limita apenas a alimentar pessoas, faz parte ativa da vida social e também é responsável pela alimentação das pessoas que trabalham em centros urbanos.

Restaurante é um produto composto por mais elementos do que uma refeição vendida a um determinado preço, é um conceito definido pelo ambiente, pelo serviço, pelo cardápio, pelo preço e pelo público, que podem ser compreendidos pelas funções e importância que exercem na composição do produto restaurante. Dessa forma, o produto restaurante é composto pela combinação desses fatores, que somados nos dão a percepção do produto.

a) Ambiente: onde sirvo? É dado pela ambientação do restaurante. Quais são as sensações visuais que meus clientes terão? Quais serão as sensações que ele irá ter ao olhar meu restaurante? Este ponto não se limita simplesmente aos aspectos arquitetônicos dos restaurantes, mas a toda a comunicação visual, que inclui o mobiliário e todos os elementos decorativos, louças e uniformes dos funcionários, entre outros itens, que acabam fazendo parte de todo o contexto visual.

b) Serviço: como sirvo? A maneira e o tipo de serviço a ser utilizado fazem com que o cliente perceba o produto de maneira diferente. Ou seja, servir em um bufê, ou com serviço à inglesa direta cria um produto totalmente diferente, pois o primeiro é mais informal e o outro muito mais formal.

c) **Cardápio**: o que sirvo? Quais os tipos de preparações? Qual a influência étnica ou cultural de meu cardápio? Quais as combinações possíveis de cor, texturas, sabores etc. disponíveis para meus clientes?
d) **Preço**: a quanto sirvo? O valor cobrado pelos produtos à venda, bem como a composição dos gastos que os clientes têm no restaurante (*couvert* médio), fazem com que se crie a percepção de valor, assim como irão influenciar a percepção da avaliação da compra (ou seja, se toda a experiência foi válida ou não pelo valor pago).
e) **Público**: a quem sirvo? Que tipo de pessoas estará servindo? Quais são suas preferências e restrições alimentares? Quais são seus padrões de comportamento? Quais são suas expectativas e motivações para virem ao meu restaurante? Quais são os seus níveis de exigência e parâmetros de comparação?

A combinação desses elementos cria diferentes conceitos de restaurantes, que também podem ser identificados de acordo com o cardápio, com o *couvert* médio, ou pelas suas especialidades.

De acordo com o cardápio

O cardápio é utilizado por Pacheco (1994) como elemento de classificação dos restaurantes, agrupando-se categorias de acordo com as preparações culinárias oferecidas pelo restaurante, e resultando na seguinte classificação:

- restaurante internacional;
- restaurante típico;
- restaurante de especialidades;
- restaurante gastronômico;
- restaurante comercial;
- restaurante de auto-estrada;
- restaurante de empresa;
- churrascaria;

- pizzaria;
- cantina italiana;
- *brasserie, coffee shop*;
- lanchonete;
- casa de chá;
- boate;
- bar noturno/café;
- bufê.

DE ACORDO COM O *COUVERT* MÉDIO

A forma de classificação proposta por Muller (1994), da Cornell University, agrupa os restaurantes estratificando o fator preço e utilizando os critérios associados ao conceito do restaurante, criando assim uma agrupamento com critérios mais objetivos e claros. Dessa forma, obtém-se a seguinte classificação[1]:

- *quick service restaurant* (econômico);
- *midscale* (familiar);
- *moderate upscale* (moderado);
- *upscale* (luxo).

Considerando o raciocínio proposto por Muller, podemos encontrar um sistema bastante interessante, uma vez que ele caracteriza bem o produto restaurante no mercado em que está inserido, aspecto este que somente considerar o tipo de cardápio não permite compreendê-lo. Por exemplo, no caso de um restaurante italiano que apresente um *couvert* médio de R$ 10, outro que se encontre em R$ 35, um outro restaurante italiano que apresente um *couvert* médio de R$ 50, e por fim um restaurante italiano com *couvert* médio

---

[1] Adaptado de acordo com características do mercado brasileiro. Existe ainda na classificação de Muller um conceito denominado *business dining* que se refere a refeitórios de empresas, cantinas de escola e de hospitais, que não foram considerados, pois são restaurantes que possuem produtos peculiares e muito diferentes de restaurantes comerciais.

de R$ 100. Inquestionavelmente esses restaurantes apresentam características muito distintas entre eles, uma vez que atendem a necessidades e expectativas bem diferentes e, somente pela identificação do tipo de comida servida, seria difícil entendê-los no contexto de um mercado.

A classificação proposta por Muller acontece inicialmente através do *couvert* médio (que é a média de gasto dos clientes em um restaurante), porém, não pode ser desassociada dos outros elementos que compõem o conceito desses restaurantes, uma vez que a percepção do produto como um todo é o somatório de todos esses elementos (ambiente, serviço, cardápio, preço e público).

Para colocarmos esses conceitos em perspectiva, podemos contextualizá-los na cidade de São Paulo hoje, inicialmente pelo *couvert* médio.

Quadro 1 – Identificação dos conceitos e suas formas de mercado

Conceito	***Couvert* médio**[2]	**Tipos de restaurante**
Luxo ou *upscale*	Acima de R$ 70	Restaurantes gastronômicos e extremamente luxuosos;
Moderado ou *moderate upscale*	Entre R$ 30 – R$ 35 e R$ 70	Bons *grills*, restaurantes com chefes em ascensão, mas que ainda não são grandes estrelas, restaurantes internacionais;
Familiar ou *midscale*	R$ 15, R$ 30 ou R$ 35	A maioria das cantinas, pizzarias, churrascarias etc.;
Econômico ou *quick service*	Entre R$ 1 e R$ 15	Restaurantes por quilo, os *fast-foods*, lanchonetes, *deliveries*, cafés e quiosques de produtos alimentícios.

Embora essas classificações aconteçam de maneira diferente pelos pressupostos iniciais, uma classificação não anula a outra,

[2] Esses valores de *couvert* médio são referentes à cidade de São Paulo, em novembro de 2002. Para outros mercados, essas realidades devem ser revistas e contextualizadas de acordo com a situação desses mercados.

pelo contrário, elas vêm se somar na medida que o cardápio faz parte do conceito de um restaurante.

Dessa forma, pode-se caracterizar um restaurante italiano familiar (cantina) ou ainda um restaurante francês moderado (bistrô), entre vários outros.

De fato, o que percebemos é que, na classificação por cardápios, o foco é dado em que tipos de preparações são servidas e, na classificação pelo *couvert* médio, o foco é dado na sua caracterização de preços, aspectos que são, em suma, complementares.

DE ACORDO COM ESPECIALIDADES

A classificação utilizada pela Nation's Restaurant News caracteriza os restaurantes de acordo com suas especialidades, como pizzas, hambúrgueres, frango, sanduíches etc.

Essa classificação difere da proposta por Pacheco, pois não somente o cardápio (muitas vezes ligado a uma culinária típica de um país ou região) é levado em consideração, mas sim suas especialidades de produção.

É extremamente importante que seja lembrado o fato de que, independentemente da localização, do conceito e do cardápio, os elementos que compõem o produto restaurante não são em momento algum indissolúveis ou inseparáveis, pois a percepção da qualidade se faz como um todo, mesmo que as partes tenham maior ou menor importância.

Além disso, afora o tipo ou categoria, restaurantes são fornecedores de serviços e, assim sendo, devemos compreender um pouco melhor a caracterização de serviços para buscar o entendimento da questão da qualidade nessa área de atividade.

RESTAURANTES COMO PRESTADORES DE SERVIÇOS

Ir a um restaurante é atualmente uma atividade muito corriqueira e contumaz, porém isso não foi sempre assim. Ao compararmos com a geração de nossos pais ou avós, podemos notar que não só a freqüência, mas também a relação com os restaurantes tem mudado significativamente (Fonseca, 2002). Anteriormente à década de 1970, por exemplo, a ida ao restaurante ocorria somente em ocasiões muito especiais e eram pouquíssimas as opções disponíveis. Uma confeitaria, uma leiteria, uma cantina de bairro ou ainda restaurantes muito glamourosos e caros que somente podiam ser freqüentados por uma pequena parcela da população eram as possibilidades disponíveis.

Entretanto, a partir dos anos de 1970 a oferta e o consumo de restaurantes foram incrementados, em parte pelo crescente processo de urbanização das sociedades, o que fez com que esse produto fosse encarado de maneira menos excludente e elitista.

Nesse contexto, que perdura até hoje, o fato de consumir em restaurantes não acontece somente em ocasiões especiais, nem é por si só um evento único e extremamente glamouroso, mesmo porque um almoço em um restaurante por quilo pode ser muito prático e saboroso, mas realmente não tem nada de elegante.

Ao longo desse tempo, muitas outras mudanças sociais foram ocorrendo: o processo de urbanização se intensificou, o processo de globalização, a maior inserção das mulheres no mercado de trabalho, a diminuição do tempo livre, entre outros aspectos, fizeram com que diversos produtos fossem consumidos e encarados de maneira muito diferente do que eram anos atrás.

Os restaurantes podem ser citados como um desses produtos – o que então era somente um produto para poucos e em datas muito especiais se transformou em diversos produtos, para muitos e a qualquer momento.

Atualmente ao pensar em encontrar alguns amigos, logo imaginamos algum lugar para que isso aconteça e imediatamente nos vem à mente um bar, ou restaurante, pois a outra opção seria fazer isso em nossas casas e então o que nos vem à cabeça são sofás sujos e louça para lavar depois que todos se vão.

Ou seja, o restaurante ocupa agora o lugar de nossa sala de visitas, afinal é muito mais cômodo, prático e fácil nos reunirmos para comemorar aniversários ou outras datas em um local em que cada um pague sua conta e consuma o que quiser do que ter de se preocupar com o que será servido, se o assado queimou ou não, se o tempero vai estar bom ou não, e ainda pensar em um prato especial para o amigo vegetariano.

Assim, consumimos restaurantes como um serviço que nos é oferecido e está disponível em diferentes apresentações e preços, como resssalta Bessom:

> Para o consumidor, serviços são quaisquer atividades colocadas à venda que proporcionem benefícios e satisfações valiosas; atividades que o cliente não possa ou prefira não realizar por si próprio (Bessom, *apud* Grönroos, 1995).

Ou seja, numa época em que as pessoas buscam maior praticidade e comodidade em suas vidas, uma vez que o tempo livre está cada vez menos disponível e se procura cada vez mais economizar este tão escasso recurso, consumidores vão a restaurantes (em suas mais diversas variedades) com o intuito não somente de se divertir ou de ter experiências gastronômicas, como também para economizar o tempo que passariam cozinhando ou lavando louça.

Podemos perceber essa tendência com o aumento do número de refeições preparadas em restaurantes que acabam sendo consumidas em casa, ou seja, o consumo do serviço de *take-away* ou *to-go* (conhecido como refeições para viagem e/ou *deliveries*).

> A indústria de restaurantes é parte da indústria de alimentos e se olharmos separadamente cada uma delas corremos o risco de perder a perspectiva, diz Harry Balzer, VP da empresa de pesquisa de marketing NPD Group, somando-se o que já é óbvio, e tem sido assim por décadas, onde ambas indústrias estão focadas no futuro, estão focadas nos lares (Bersntein, 2000).

Ao pensar em restaurantes como prestadores de serviços, e entendendo que serviços são bons na medida em que atendem a uma necessidade específica e muitas vezes pontual do consumidor, temos de compreender que as dinâmicas sociais estão em pleno processo de mudança – nas relações humanas, na forma e no conceito de trabalho e principalmente na percepção e disponibilidade de tempo.

Assim, a mãe, que era inicialmente responsável pela preparação das refeições (auxiliada pelas empregadas domésticas), bem como pela gestão do lar e de toda a sua dinâmica, tem atualmente um papel muito diferente nesta sociedade e nesta dinâmica familiar. Neste novo contexto, em que uma boa parte dos lares (brasileiros) tem mulheres como as chefes de família, e também lares em que ambos (marido e mulher) trabalham, a dinâmica familiar acontece de maneira bem distinta do que ocorria uma ou duas gerações atrás, ou seja, a mulher assume novas responsabilidades fora de casa. Quantos de nós almoçam em casa com toda a família reunida? Ou quantos de nós conhecem o chamado relacionamento *post-it*? Este tipo de relacionamento tem basicamente a seguinte dinâmica: a comunicação entre membros da família por bilhetinhos (muitas vezes carinhosos) na geladeira ou no *freezer*, com os seguintes dizeres: "Meu filho, seu jantar está no microondas, é só esquentar, qualquer coisa ligue no meu celular ou no escritório, amor mamãe".

O processo de urbanização, as novas demandas, a maior competitividade nas empresas, a necessidade de constante atualização por parte dos profissionais, todos esses e outros aspectos das rotinas têm se alterado, trabalhar dez, doze horas e estudar à noite não é mais exceção ou situação difícil de se encontrar.

Nessas novas dinâmicas, as refeições feitas em família são cada vez mais raras e, quando acontecem, são feitas de maneira muito mais prática e rápida do que eram feitas no passado. Não é raro um almoço de sábado em que o prato principal foi comprado em uma *rotisserie* ou pedido pelo telefone ao restaurante próximo de casa.

As refeições consumidas ou compradas fora de casa têm aumentado cada vez mais, conforme dados da Associação Brasileira de Alimentação (Abia), representam 1/3 das refeições na Grande São Paulo (Peixoto, 2002).

Em conseqüência, podemos perceber alguns aspectos curiosos, como, por exemplo, as novas configurações arquitetônicas dos prédios e residências. As cozinhas são cada vez menores (assim como todos os cômodos da residência), não existe mais o espaço da copa, as áreas para sociabilização são comunitárias (os prédios e condomínios disponibilizam salas de estar com *home theater* e salas de jantar completas com apoio de cozinha etc.).

Isso mostra novas dinâmicas sociais, novas maneiras de pensar os espaços em decorrência dessas novas condições sociais, como podemos perceber no seguinte depoimento:

> Assim, as cozinhas dos restaurantes serão maiores e as cozinhas das casas menores. Porém, não conte que tomar refeições no salão do restaurante é passado, pois os clientes ainda estarão comendo em suas casas em algumas ocasiões. Quando o fizerem, e será primariamente por razões sociais, estarão preferindo uma experiência mais informal, casual e aconchegante (Bernstein, 2000).

A importância desses aspectos foi verificada em recente pesquisa elaborada pela Restaurants and Institutions, uma renomada revista de restaurantes dos Estados Unidos, que ressalta que o fator conveniência destacou-se como um dos requisitos mais importantes para a escolha das melhores redes de restaurantes dos EUA. A este aspecto associa-se o fator praticidade e/ou comodidade, apontado por diversos especialistas como um aspecto extremamente marcante da função de uma empresa de alimentação.

> Americanos continuarão procurando maneiras mais rápidas e baratas de se alimentar e, nesse momento, os restaurantes se tornarão os supermercados de amanhã (Bernstein, 2000).

Fazer uma refeição em um restaurante é extremamente prático e simples. Não nos preocupamos se a carne está no ponto ou não, se a sua empregada conseguiu acertar o tempero, ou conseguiu seguir a receita. Não sobram pratos para lavar nem bagunça para o anfitrião no fim da reunião.

Assim, adquirir refeições preparadas fora de casa e consumi-las no próprio espaço do restaurante ou ainda levá-las para casa são aspectos da vida cotidiana que estão sendo cada vez mais incorporados aos nossos hábitos – ou, ao falar em comer uma pizza com os amigos, alguém imagina que esta será feita em casa? Atualmente os *fast-foods* nos EUA têm suas vendas feitas em grande parte pelo serviço de *delivery* ou de *drive-thru* que representam 30% e 60% do total das vendas, respectivamente. Essas dinâmicas têm mudado de tal maneira que as refeições feitas em restaurantes e compradas em supermercados e *delicatessen* ou *rotisseries*, são hoje chamadas de *home meal replacement* (HMR), ou seja, refeições que são feitas em substituição às refeições feitas em casa.

> Mais e mais, os restaurantes serão um local para a reunião de famílias e amigos. Eles serão os lugares usados para relaxar e sociabilizar, para se divertir e dividir experiências com as pessoas queridas (Bernstein, 2000).

Podemos então perceber que cada vez mais esses benefícios e satisfações que o cliente não possa ou prefira não realizar por si próprio já têm norteado e vão cada vez mais ser um fator importante na percepção da qualidade do cliente em relação a esse tipo de serviço.

Uma outra definição de serviço também pode nos mostrar outro caminho para compreender a questão da qualidade em serviços de alimentação.

> O serviço é uma atividade ou uma série de atividades de natureza mais ou menos intangível – que normalmente, mas não necessariamente, acontece durante as interações entre clientes e empregados de serviços e/ou recursos físicos e/ou sistemas do fornecedor de serviços – que é fornecida como solução ao(s) problema(s) do(s) cliente(s) (Grönroos, 1995).

Dessa maneira, é vital para a qualidade dos serviços prestados que as pessoas que trabalham em seu restaurante estejam muito bem treinadas e capacitadas para enfrentar e resolver os problemas que certamente irão aparecer, pois ao errar não será somente fulano ou beltrano que estarão sendo prejudicados, mas sim a imagem de sua empresa.

O cliente, ao estabelecer contato com o funcionário de um restaurante, imediatamente o identifica como sendo a empresa, e assim o contato não se dá mais entre fulano e cliente e sim entre companhia e cliente, esse funcionário é a cara da empresa, sua voz é a voz da empresa e suas atitudes refletem não uma atitude individual, mas sim a atitude de uma empresa.

A indústria de restaurantes é denominada como sendo *people business,* ou seja, atende pessoas através de pessoas, as máquinas não irão substituir o sorriso humano, nem tampouco a simpatia e cordialidade.

Já não é de hoje que se fala sobre a automação dos serviços em restaurantes do tipo *fast-food.* Em depoimento dado em maio de 2001 em uma palestra ministrada na Florida International University, David Talty (ex-diretor operacional da rede Burger King, segunda rede de restaurantes dos EUA, perdendo somente para o McDonald's) contou que em meados de 1980 já havia empresas vendendo o conceito de restaurante com a produção e o atendimento automatizados, mas que desde aquela época o conceito não agradava, pois qualquer alteração em um pedido era absolutamente impossível, o que tornava inviável todo o conceito.

Isso demonstra que as pessoas são e serão sempre o motor de um restaurante. São elas a razão de ser de uma empresa de alimentação. Por fim, outra definição que nos leva a reflexão é a de Gummenson, que diz que "serviço é algo que pode ser comparado e vendido, mas que você não consegue deixar cair sobre o seu pé" (*apud* Grönroos, 1995).

Essa definição nos faz pensar na diferente posição em que se encontram os serviços de alimentação em relação a outros prestadores de serviços, pois parte de nosso produto "pode cair no seu pé", como é o caso do alimento em si, e outra parte não "pode cair em seu pé", como é o caso do serviço sobre o qual discutimos acima.

Dessa forma, a percepção dos serviços dos restaurantes se dá de outra maneira, ou seja, uma parte intangível e outra parte tangível.

Na parte tangível, podemos classificar o alimento em si, ou seja, na relação com o conceito discutido na introdução (ambiente, serviço, cardápio, preço e público), trata-se do aspecto cardápio (o que servimos).

Esse elemento pode ser tangibilizado até certo ponto, ou seja, é possível tocá-lo, é possível senti-lo de maneira concreta. Um prato está bom ou ruim, é salgado ou doce, amargo ou suave, enfim, é possível extrair seus aromas e sabores.

Todavia, mesmo sendo tangível, existe sempre uma parte subjetiva, afinal, duas pessoas que experimentem o mesmo prato podem ter percepções diferentes, uma achar bom e outra ruim, isto porque cada pessoa possui um referencial e expectativas distintas.

Esses referenciais vão sendo construídos ao longo da vida de cada ser humano através dos diferentes *inputs*.

Os *inputs* podem ser definidos através do seguinte Modelo de Khan de preferências alimentares:

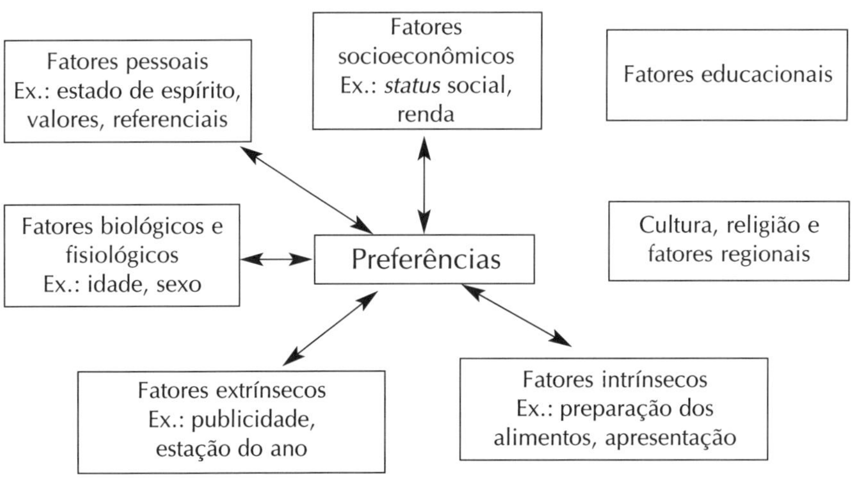

Fonte: Apud Barehan, 1985.

Assim, as preferências alimentares se dão por um complexo modelo de influências e referências, o que faz com que seja extremamente importante que essas variáveis sejam entendidas e trabalhadas pelas empresas de alimentação, pois grande parte da percepção da qualidade de seus produtos estará associada aos padrões de referência de seu público.

Portanto, diversos aspectos intangíveis, como humor, *status* social, valores e referenciais, serão concretizados e passarão a compor a percepção da tangibilidade do produto, ou seja, o fato de gostarmos ou não de um prato extrapola o simples fato de ele estar bem preparado ou não.

Nesse fato, sem dúvida, repousa um dos grandes desafios do serviço de alimentação: a combinação dos elementos que irão compor uma determinada preparação culinária e a compreensão das referências do público, aliadas às técnicas utilizadas, para que culminem em uma experiência positiva para o cliente.

Por outro lado, os aspectos intangíveis consistem basicamente pelos seguintes pontos que compõem o conceito de restaurante:

a) **Ambiente:** dado pela percepção do espaço físico do restaurante, como temperatura, ruídos, texturas, cores, odores, luminosidade, entre outros. O fator ambiente é sem dúvida um aspecto muito importante, pois, pelos sentidos ele é o primeiro a ser percebido pelo cliente (o primeiro estímulo que recebemos é o visual); assim, ao entrar no restaurante o cliente interpreta essa composição de elementos e transforma essas percepções em uma idéia, que pode ou não lhe agradar, que pode ou não fazer sentido, que pode ou não estar de acordo com os objetivos propostos pelos proprietários e arquitetos e que pode ou não fazer ligação com a proposta do restaurante.
b) **Serviço:** a maneira como sirvo e atendo meus clientes também é um aspecto intangível, como discutido anteriormente. O aspecto humano do serviço se faz muito importante, pois, segundo Grönroos (1995), uma das características básicas da prestação de serviços é que "o cliente participa do processo de produção até certo ponto", ou ainda "os serviços são, pelo menos até certo ponto, produzidos e consumidos simultaneamente". (Castelli, 2000).

Assim temos que, diferentemente de outras empresas ou indústrias, deixar que o cliente interaja, participe e muitas vezes seja responsável direto pelo produto. Um cliente que não sabe o que quer, ou não conhece um determinado alimento, pode achar que o produto não está bom por total ignorância sobre as qualidades deste. Ou ainda a interação entre o garçom e o cliente pode ser boa ou ruim, dependendo do estado de espírito, humor e reações do cliente ou do funcionário.

Portanto, na qualidade de prestador de serviços o restaurante está sujeito à intangibilidade de seus produtos, ou seja, a percepção de seus clientes dada pelas diferentes relações com os diferentes aspectos que compõem esse produto.

Dessa forma, podemos nos questionar, então, sobre a definição de qualidade em restaurantes: se a relação com os clientes e suas percepções afetam os resultados, como poderíamos então definir a qualidade em empresas de alimentação?

QUALIDADE EM RESTAURANTES

Para discutirmos sobre qualidade em restaurantes, além dos aspectos abordados anteriormente, ligados ao conceito de serviços, também são encontradas definições que consideram a importância do foco no cliente ou mesmo no produto. Enquanto na primeira o critério de qualidade está relacionado com a adequação ao uso, na segunda refere-se à quantidade de ingredientes ou a atributos do produto.

Para Phillip B. Crosby, com foco na fabricação, a definição de qualidade é "qualidade (significa) conformidade ao requisito" (*apud* Grönroos, 1995: 69).

Com base nestas definições, podemos identificar que ao tratar de restaurantes a primeira definição é fundamental para a compreensão da qualidade em serviços de alimentação.

Esta se faz fundamental, pois se qualidade é adequação ao uso, para diferentes usos diferentes produtos, desta feita distintos usos se fazem por particulares necessidades, ou seja, por diferentes motivações.

Assim, ao pensar em um restaurante como por exemplo o McDonald's, imediatamente nos vem à mente uma certa imagem desse produto, com suas lojas decoradas de maneira padrão, do *display* atrás do balcão, exibindo as fotos das promoções, dos atendentes com suas roupas listadas e seus bonés, enfim, com uma série de aspectos que combinados nos dão a fotografia do restaurante, que indiscutivelmente é um restaurante limpo, com muita respeitabilidade em relação aos padrões de higiene na manipulação e escolha de seus ingredientes, sem dúvida nenhuma rápido no atendimento, com um preço razoável, instalações adequadas e comida boa (de acordo com o que se propõe a fazer). Todos estes aspectos somados dão a percepção de que esse é um restaurante de qualidade. Porém, coloquemos a seguinte situação como exemplo: um homem de 25 anos, de classe média alta, saindo para jantar pela primeira vez com uma pretendente a namorada escolhe o restaurante McDonald's mais próximo; o resultado seria sem dúvida uma decepção para a pretendente. Motivo: a adequação ao uso.

Fast-foods são restaurantes que não entregam *glamour*, elegância, charme, requinte, romantismo. Eles entregam, sim, rapidez, preço baixo, comodidade e higiene (na maioria das vezes). Assim sendo, aquele mesmo restaurante que foi definido inicialmente como de boa qualidade pode em outro momento não se adequar àqueles novos padrões de qualidade, pois para diferentes usos, diferentes produtos.

Se colocarmos esse mesmo casal em uma outra situação, ou seja, em vez de saírem para jantar, estariam saindo para um almoço rápido próximo do local de trabalho (ambos trabalham no mesmo prédio no centro da cidade), o resultado seria outro, afinal, para esse uso o restaurante vem a adequar-se perfeitamente.

Dessa forma, podemos identificar que as motivações dos consumidores de restaurantes fazem com que surjam as necessidades da existência de diferentes produtos e conceitos, para que cada um desses usos possa encontrar os produtos mais adequados.

Podemos então perceber que o consumidor e suas relações de necessidades/usos do produto restaurante, é o resultado do somatório das diferentes dimensões da qualidade, que são em sua maioria subjetivas e analisadas de maneira pontual e específica.

Assim, com essas definições podemos então perceber que a qualidade permeia todos os aspectos de um processo e de um produto, uma vez que se trata de um tema multifacetado e de causa e conseqüência mútua, não sendo composta por aspectos isolados, mas sim por aspectos totalmente ligados e simbióticos.

A qualidade não é o resultado de uma ação única e isolada, ela está ligada a todos os aspectos do ciclo da produção e do consumo, bem como da percepção do cliente quanto a esse produto como um todo.

Não existe um início ou um fim, e sim uma seqüência de procedimentos e, principalmente, de mentalidade que resultam em um produto de qualidade, além da concatenação de esforços, a identificação das motivações e necessidades dos consumidores e das características do produto de restaurantes.

Para tanto, existem diversas percepções e dimensões de qualidade que devem ser consideradas a fim de que o resultado seja percebido como qualidade, uma vez que nesse processo estão inseridos aspectos pessoais e subjetivos.

Assim, entender as percepções do cliente em relação a qualidade é vital, uma vez que percepção é realidade, ou seja, não importa o que nos parece ou como nós entendemos nosso produto restaurante, mas sim o que o consumidor entende, ou percebe. Se ele perceber que seu restaurante é sujo, porque o piso foi feito com um material que transmite essa aparência, não importa quantas vezes você passe panos no chão, o consumidor vai perceber que esse restaurante é sujo.

PERCEPÇÃO E DIMENSÕES DA QUALIDADE

Se tomarmos então que percepção é realidade, e tentarmos compreender como essas percepções acontecem, em quais dimensões e de que maneira as associações em relação ao produto são feitas pelo consumidor, poderemos entender melhor nosso produto.

Assim, temos que as dimensões da qualidade, segundo Garvin (1992), podem ser:

- **desempenho:** Refere-se às características operacionais básicas de um produto; em um restaurante seria as pessoas poderem comer;
- **confiabilidade:** Reflete a probabilidade de mau funcionamento de um produto ou de ele falhar num determinado período; em um restaurante, uma comida contaminada;
- **características:** São aquelas características secundárias que suplementam o funcionamento básico do produto, como a aparência do prato;
- **conformidade:** Refere-se à necessidade de verificar se um produto está de acordo com as especificações constantes no projeto; caso de os pratos serem preparados de acordo com as receitas;
- **durabilidade:** Refere-se ao tempo de vida útil de um produto. Assim teríamos em um restaurante a capacidade de atrair clientes com inovações/ou produtos;
- **atendimento:** Refere-se à maneira com que a personificação de um conceito ou marca irá acontecer. Essa é a hora da verdade na prestação dos serviços: segundo pesquisa da R&I, 100% dos entrevistados destacam que ser bem tratado é o fator mais importante no restaurante;
- **estética:** Refere-se à aparência física do produto, o que se sente com ele, qual o seu som, seu sabor e cheiro. A comida, além de saborosa, deve ser bem apresentada. O primeiro contato com o prato é visual, o segundo é olfativo e, por fim, gustativo.

Pecados na prestação de serviços

Albrecht (1998), destaca alguns pecados que dificultam a implantação de um sistema de qualidade são:

1) **Tratar o cliente com apatia:** Esse pecado em empresas de alimentação é tão grave quanto em qualquer outra empresa. Afinal, uma pessoa que entra em um restaurante e não é percebida ou, ainda, quando o cliente percebe que o *maître* claramente o trata de maneira burocrática e com ar esnobe, ele se sente intimidado, o que não favorece uma relação em que exista a possibilidade de transmitir a sensação de que o cliente é importante, conseqüentemente transformando sua experiência em algo inesquecível ou com a possibilidade de recompra.

2) **Querer livrar-se do cliente:** Quem em um restaurante não se sentiu expulso antes mesmo de tomar o café? Alguns restaurantes chegam até a não servir o café à mesa (especialmente aqueles que têm de ter uma rotatividade de assentos muito grande como são os casos de churrascarias, restaurantes por quilo, entre outros), ou de maneira mais sutil oferecem o café em uma outra sala. Nós, brasileiros, temos essa sensação de maneira bem clara quando freqüentamos restaurantes nos Estados Unidos, onde há a prática de oferecer a conta ao cliente sem que ele tenha de pedi-la. Porém, para eles isso é comum, ou seja, se o cliente não quer mais nenhum produto, logo ele pode ficar com a conta e pagar quando melhor lhe convier; assim, da maneira mais eficiente possível, o garçom se antecipa à necessidade do cliente e lhe entrega a conta. Entretanto, para nós, brasileiros, isso é uma afronta, pois a sensação inicial é a de que estamos sendo expulsos.

3) **Tratar o cliente com frieza:** Esse é também um pecado que em restaurantes é fatal a longo prazo: a sensação do cliente de estar sendo tratado de maneira impessoal e sem nenhum interesse ou por funcionários sem a menor vontade de perceber suas necessidades, seus desejos e muitas vezes sua presença. Por vezes, quando os restaurantes estão muito cheios, a tendência dos garçons é tratar os clientes de maneira que o serviço seja feito o mais rápido possível, o que muitas vezes pode torná-lo impessoal e atabalhoado.

4) **Tratar o cliente com arrogância:** Por muitas vezes vimos e ouvimos dizer que *maîtres* corrigiam clientes que pediam pratos com a pronúncia errada. "Por favor, eu gostaria de um *stick daiani* com

pommis deuphines" e o *maître* rebatia: "Pois não, senhor, um *steak* Diana com *pommes dauphines*", olhando com aquela cara de "Viu, senhor? É assim que se pronuncia!" Esse tipo de atitude fez com que os profissionais fossem vistos durante muitos anos como pessoas arrogantes e pretensiosas, o que na maioria das vezes não era verdadeiro.

5) **Trabalhar como se fosse um robô:** Atender o cliente como um autômato faz com que ele não sinta um toque acolhedor. Muitas redes de *fast-food* são acusadas de incorrer nesse erro, pois a necessidade de seguir um roteiro de gestos, falas e procedimentos leva a que, geralmente, a espontaneidade se perca, dando a percepção de que se aquilo fosse uma gravação seria mais honesto.

6) **Seguir o livro de regras:** Incorrer nesse erro resulta muitas vezes em perder o cliente por não se flexibilizarem os procedimentos. Um cliente percebeu que havia um fio de cabelo em seu prato depois de comer mais da metade deste; reclama com o gerente; este lhe diz que não pode trocar o prato, pois o cliente já havia comido mais da metade (esse gerente, segundo seu raciocínio, estava fazendo a coisa certa, pois seu manual, na página 30, dizia que ele poderia trocar o prato do cliente somente se este reclamasse antes de comer a metade). O resultado, todavia, é que o cliente não irá comer o resto, e muito provavelmente não irá comer nenhum outro prato desse restaurante, ou seja, houve uma economia que acabará saindo mais cara em curto espaço de tempo.

7) **Fazer um passeio pelos setores:** Essa falha é também muito negativa para a operação de empresas de alimentação, pois faz com que o cliente repita seu problema para diversas pessoas, sem que nenhuma acabe tomando uma providência, ou seja, o cliente faz uma peregrinação até encontrar alguém que possa lhe ajudar. Nesses casos a mentalidade de *empowerment* é a solução, isto é, resolver o problema imediatamente, dando poder para os funcionários da linha de frente decidirem e resolverem de imediato, para depois, internamente, verificar as causas dos erros e corrigi-los.

CONSIDERAÇÕES FINAIS

A qualidade em empresas de alimentação está extremamente associada à ação de pessoas, tanto clientes como funcionários. Como clientes, a interação, a expectativa, os referenciais, suas motivações e suas percepções serão os fatores decisivos e fundamentais para o produto como um todo.

Os funcionários estarão representando sua empresa e definindo nos momentos da verdade (os momentos, na prestação dos serviços, em que existe o contato do cliente com o funcionário) o seu produto e transmitindo essa percepção de qualidade.

O que não podemos nunca esquecer é de que trabalhamos no *people business*, e sem as pessoas seríamos absolutamente incapazes de oferecer serviços, quanto mais bons serviços.

Dessa forma, ao nos referir ao trabalho de pessoas, é vital lembrarmos que elas também têm suas expectativas e experiências, e o trabalho é somente parte das dimensões de suas vidas. Não podemos tratá-las como seres inanimados, desprovidos de sentimentos e anseios, tampouco de sonhos.

Ao liderar um processo de alimentação, devemos deixar claro que nosso objetivo é fornecer a melhor refeição possível, mas que também devemos criar o melhor e mais sadio ambiente de trabalho para que as pessoas possam se sentir participantes do processo.

Não existe nenhum movimento de qualidade que não envolva pessoas, e estas, por sua vez, devem ser levadas a participar desses movimentos por sua livre vontade e de maneira positiva.

Qualidade não se impõe, se divide. Qualidade não é em si um fim, mas um meio sem fim, pois estaremos sempre em busca de novos patamares e desafios.

REFERÊNCIAS BIBLIOGRÁFICAS

ALBRECHT, K. *Revolução nos serviços.* 5. ed. São Paulo, Pioneira, 1998.

BAREHAM, J. *Consumer behaviour in the food industry:* an european perspective. Oxford, Butterworth-Heinemann, 1995.

BERNSTEIN, Elizabeth. "Back to the future", *Restaurant and institutions magazine.* jan./2000, p. 19-22.

CASTELLI, G. *Excelência em hotelaria*: uma abordagem prática. 3. ed. Rio de Janeiro, Qualitymark, 2000.

FISCHLER, C. "A mcdonaldização dos costumes". *In:* FLANDRIN, Jean Louis & MONTANARI, Massimo. *História da alimentação.* São Paulo, Estação Liberdade, 1998.

FONSECA, M. T. *Tecnologias gerenciais de restaurantes.* São Paulo, Senac, 2000, p. 165-80.

FONSECA, M. T. "Histórico de alimentos e bebidas". *In:* TRIGO, L. G. G. *Viagem na memória.* 2. ed. São Paulo, Senac, 2002.

GARVIN, D. A. *Gerenciando a qualidade*: a visão estratégica e competitiva. Rio de Janeiro, Qualitymark, 1992.

GRÖNROOS, C. *Marketing*: gerenciamento e serviços. Rio de Janeiro, Campus, 1995.

MULLER, C. C. & WOODS, R. H. *An expanded restaurant typology.* Nova York, Cornell Quartely – Cornell University, 1994, p. 27–36.

PACHECO, A. de O. *Manual do maître d' hotel.* São Paulo, Senac, 1994.

PEIXOTO, F. "Mercado gordo". *Exame,* São Paulo, 17. ed., 4 de setembro de 2002, p.14-9.

PITTE, J. R. *Gastronomia Francesa*: História e Geografia de uma paixão. Porto Alegre, L&PM, 1993.

SAMAT, M. T. *Historia natural y moral de los alimentos.* Madri, Alianza Editorial, v. 1, 1991.

SPANG, R. L. *The invention of the restaurant*: Paris and modern gastronomic culture. Harvard Historic Studies, 2001.

SUSTENTABILIDADE E RESPONSABILIDADE SOCIOAMBIENTAL NAS EMPRESAS TURÍSTICAS – A CERTIFICAÇÃO AMBIENTAL NO SEGMENTO DE HOSPEDAGEM

Fernando Kanni

INTRODUÇÃO

O primeiro aspecto a ser observado quando se analisa a magnitude do turismo enquanto atividade econômica, é que se trata de um fenômeno recente. "A nova era das viagens – da Ásia às Américas –, o crescimento econômico e o lazer prometem transformar o século XXI na Era de Ouro do Turismo", já anunciava a capa da renomada revista americana *Time*, em junho de 1995 (Taber). O que já era sabido no *métier* do turismo passava ao conhecimento público: a "indústria" do turismo, assim denominada por sua pujança, tornava-se a primeira atividade econômica em faturamento no mundo, ultrapassando a indústria petrolífera e a de armamentos (ao menos, até 11 de setembro de 2001!).

Essa evolução já vinha sendo diagnosticada em todos os relatórios estatísticos da Organização Mundial do Turismo – OMT (2000, 1997, 1995, 1990) e da WTTC (1996, 1991), bem como por "futurólogos" da área de gestão, como Naisbitt (1991). Entre 1950 e 1999, o número de chegadas internacionais no mundo cresceu de 25 milhões para 664 milhões de viagens, o que corresponde a uma taxa de crescimento anual bruta de 7%, gerando montantes assustadores advindos das atividades direta e indiretamente relacionadas à cadeia produtiva. Se considerarmos o índice de oito a dez viagens internas em relação ao número de viagens internacionais dos países, estaremos falando de cerca de 6 milhões de viagens ao ano. Muito distante de tudo o que acontecera em sua história (Towner, 1995 e 1985; Fúster, 1991; Doren, 1985).

Em segundo lugar, há que se considerar que suas *implicações econômicas* são decorrência desse "fenômeno social marcante do século XX", como lembra Geraldo Castelli, e que também há outras implicações nas localidades receptoras. Assim, o "negócio" não é tão simples, pois há outros custos a ser considerados, sejam eles *sociais, culturais ou ambientais* (Echtner & Jamal, 1997; Ascânio, 1992), pela própria abrangência, complexidade e multicausalidade do fenômeno do turismo. Dessa forma, a visitação nas localidades receptoras tem suas implicações negativas, como já apontaram inúmeros autores, como a brasileira Sartor (1981) e, antes dela, Bukhart & Medlik (1974) e de Kadt (1979).

Por fim, em relação às perspectivas de consumo no século XXI, as tendências apontam não apenas um aumento quantitativo, mas também mudanças no comportamento de consumo do produto turístico. Como descreve o último relatório da OMT (2000), em 1950, somente 15 países recebiam quase 100% dos 25 milhões de turistas. Em 1999, existiam mais de 70 países e territórios receptores, sendo que os mercados mais tradicionais já iam perdendo fatias para novos destinos na Ásia, Europa Central e Leste Europeu (destacando que, apesar da chamada globalização econômica, com a expansão das companhias transnacionais, o segmento de negócios representa apenas 18% das viagens). Essa hipersegmentação do mercado não representa apenas milhares de novas destinações ofertadas no mercado global, mas significa também uma resposta dos negócios e governos por todo o mundo em termos de satisfazer as necessidades e desejos da demanda.

Acompanhando o aumento do fluxo turístico (internacional e doméstico), sua dispersão temporal (uso do tempo livre de forma mais fragmentada) e territorial em todo o globo (viagens intercontinentais e de curta e média distâncias), há uma crescente nova forma de escolha e de compra de produtos turísticos – não apenas relacionada às facilidades de sua distribuição, consumo e pagamento, mas principalmente orientada por novos desejos e necessidades da demanda global em busca não só de lugares, mas de experiências que tais localidades podem propiciar, não só a partir da fantasia do imaginário, mas também que se quer viver no mundo real. Buscam-se emoções a serem vividas não apenas para si, mas para a compreensão da "aldeia global" em que vivemos, e de como cada um de nós pode melhorar a viagem de cada um desses tripulantes de nossa "nave", o planeta Terra.

O presente ensaio visa à reflexão sobre o principal agente do sistema de turismo, o segmento da hospedagem, para a percepção de sua responsabilidade e sua contribuição com relação à questão ambiental, bem como para a identificação da importância da temática na sua sobrevivência mercadológica.

A RELAÇÃO SOCIEDADE E NATUREZA E A QUESTÃO DO TURISMO SUSTENTÁVEL

A dimensão do paradigma da sustentabilidade deve ser percebida primeiramente a partir de uma avaliação da relação sociedade e natureza.

Em 1866, o biólogo alemão Ernest Haeckel teve a idéia de escolher as palavras gregas *oikos* (que quer dizer casa) e *logos* (estudo, ciência) para designar uma nova disciplina que teria por objetivo estudar as relações das espécies animais com o meio ambiente biótipo e abiótipo. Ecologia, portanto, é o "estudo da casa", da nossa casa, o planeta Terra (Lago & Pádua, 1992). No entanto, se a princípio a definição da ecologia é o estudo das relações dos seres vivos entre si e com o meio ambiente, atualmente essa abordagem pode soar simplista em demasia. Realmente, seria muito pouco para caracterizar a importância e a abrangência do que é a ecologia hoje: a força motriz de uma mudança radical na atitude do ser humano civilizado perante a natureza (Magalhães, 1994).

Célula geradora de movimentos políticos e sociais e semente de um novo olhar em relação à vida, ao homem e ao planeta, a ecologia nasceu no século passado modesta e restrita, como uma disciplina científica umbilicalmente ligada à biologia. Nos últimos trinta anos do século XX, porém, o impacto da ecologia nas decisões econômicas, políticas e sociais de todos os países do mundo passou a ser brutal. Hoje, a força de mudança da ecologia só tem paralelo com a da informática. No entanto, apesar da magnitude da questão na sociedade atual, é necessário reconhecer que o momento significa o início de um lento processo de reconhecimento da interdependência dos atores (os seres vivos, especificamente o homem) em seu cenário (a natureza) – independentemente do grau de urbanização e/ou ação antrópica em determinado espaço.

Se notarmos que essa complexa relação se deu (ou vem se dando) ao longo de um lento processo evolutivo de mais de 5 bilhões de anos, e que o homem é apenas uma parte dessa grande sinfonia da evolução da vida na Terra – tendo a nossa espécie (*Homo sapiens*) surgido há não mais de 100 mil anos e, mais ainda, considerando-se que a moderna sociedade industrial possui menos de 300 anos de existência[1], podemos observar nitidamente que, ao contrário da ecologia natural – que estuda a construção de equilíbrios (Odum, 1988) –, estamos tendendo à ocupação fundamental da análise do inventário de desequilíbrios pela chamada ecologia social (O'Connor, 1994) – o estudo do impacto das sociedades humanas sobre os ambientes naturais.

A expansão do chamado movimento ecológico tem causado dois efeitos: o primeiro é o interesse da iniciativa privada no vínculo de

[1] A título de ilustração, no livro *A ferro e fogo:* a história e a devastação da Mata Atlântica brasileira, de Warren Dean, expõe-se um exemplo mais próximo de nossa realidade, numa interessante descrição da relação homem–natureza, não apenas do desenvolvimento do processo industrial, mas também do setor primário.

sua imagem institucional com a questão ambiental (Ottman, 1994), além da agregação de valor à marca da empresa (pesquisa do Ministério da Cultura no mercado brasileiro, no ano de 1998, mostra que 9% das ações de comunicação referem-se à área ambiental). O segundo, é a preocupação a respeito da maior visibilidade e respeitabilidade que as mesmas ONGs estão tendo em alguns países, mais como organizações neogovernamentais, ou, como temia o renomado professor Milton Santos, entidades que estão cada vez mais tomando o espaço do governo, apesar da ineficiências e ineficácias dessas instituições em muitos casos – o que, segundo sua opinião, compromete a soberania do Estado, pois isso pode dar margem a organizações de fachada –, direcionando políticas públicas a interesses de determinados segmentos.

Curiosamente, a degradação em escala planetária estimulou a reflexão sobre estratégias para a proteção dos recursos naturais, que se deteve sob dois enfoques: a conservação e a preservação. A linha conservacionista lançou as idéias precursoras do que hoje se chamaria desenvolvimento sustentável, e se baseava em três princípios: o uso dos recursos naturais pela geração presente, a prevenção do desperdício, e o uso dos recursos naturais para benefício da maioria dos cidadãos (Diegues, 1996).

Outra teoria que contribui para a evolução desse conceito, aliás uma das primeiras reflexões a respeito, foi a do ecodesenvolvimento, formulada principalmente pelo economista Ignacy Sachs[2], ainda na década de 1970. Já em fins dos anos de 1980, o relatório da ONU *Nosso futuro comum* (1991) ressaltou a busca do "desenvolvimento sustentável" como preocupação comum dos países. Tomando como base um futuro ameaçado por desafios comuns em todo o globo, centrou-se numa pauta com os seguintes itens:

- **o fator populacional:** o aumento da população e o problema da qualidade dos recursos humanos (mobilidade social, edu-

[2] Para saber mais sobre a contribuição do autor, veja Vieira (1998).

cação e saúde – como os cupins, as formigas, as abelhas e os ratos, os homens são considerados indivíduos altamente sociáveis, suportando o confinamento e ambientes de alta densidade populacional, ainda que sob o risco do estresse);

- **a segurança alimentar:** também relativo ao aumento populacional, somado às dificuldades de manutenção do potencial alimentar (se a cultura do solo não for bem conduzida, a agricultura pode provocar conseqüências desastrosas para o meio ambiente – a destruição de florestas, o cultivo em solos silvestres ou a irrigação ocasionaram, em muitas regiões do planeta, a acidificação, a salinização e a desertificação de enormes quantidades de terras);
- **espécies e ecossistemas:** a extinção de biomas e da biodiversidade (o fim do hábitat de uma espécie, por motivos naturais ou pela ação sistemática do homem, pode determinar sua extinção – atualmente existem de 13 a 15 milhões de espécies e apenas 13% delas foram classificadas);
- **energia:** a redução dos sistemas convencionais (o consumo de energia de que o ser humano precisa para se alimentar, se aquecer ou se locomover aumentou consideravelmente com o advento da eletricidade e dos meios de transporte modernos – poluindo, destruindo, desmatando) e o estímulo aos sistemas alternativos (tendência atual ditada pela conscientização ecológica de que as energias renováveis e limpas – como a solar, a eólica ou de biomassa – sejam adotadas e aprimoradas em detrimento das energias tradicionais poluentes ou extremamente perigosas, como a nuclear);
- **o fator industrial:** o desafio da satisfação do consumo e manutenção da qualidade ambiental (o consumo se alicerça sobre bases de necessidades fictícias – a autodisciplina, para não adotar integralmente todas as necessidades criadas pela sociedade de consumo, e a consciência de que a maioria dos produtos oferecidos por ela resulta em vários tipos de poluição são essenciais para a transformação do planeta);

- **urbanismo:** por uma melhor qualidade de vida (o impacto ecológico do processo de urbanização que ocorre na maioria dos países do mundo hoje é bastante considerável, tanto em relação à destruição do meio ambiente local quanto à geração dos mais variados tipos de poluição – calcula-se que, no final do século XX, mais de 2 bilhões de pessoas viverão em cidades do Terceiro Mundo).

Nogueira Neto (1995) ressalta que todas as grandes pressões exercidas contra a integridade física do planeta decorrem direta ou indiretamente do crescimento demográfico. O autor estipula que, no ritmo atual de incremento demográfico médio anual, a população do planeta dobrará antes mesmo da metade do século XXI. Se essa população desejar ter, em média, o padrão de vida atual da União Européia ou da América do Norte, destaca o autor, "não haverá comida, nem energia, nem outras necessidades disponíveis". Além da distribuição espacial de menores e/ou maiores desequilíbrios ambientais[3], também podemos citar uma nova geopolítica na ordem mundial a respeito dos países que ainda possuem significativos recursos naturais e, portanto, detêm o novo poder (Seager, 1995).

Tais problemas tornaram-se tão notórios que extrapolaram o *métier* acadêmico e hoje são questões de ordem pública, tomando espaço na mídia convencional, seja em revistas seja em jornais[4]. O que antes era pauta de pressão de ONGs, como os relatórios ambientais

---

[3] O enfoque dos problemas ambientais globalizados não desconsidera os impactos isolados e pontuais. Nesse sentido, vale lembrar a crença nos licenciamentos ambientais, estudos de impacto ambiental e, mesmo, nos relatórios ambientais preliminares – estes são os termos usados pela Secretaria de Meio Ambiente do Estado de São Paulo para a "avaliação de impactos ambientais" para a proteção dos recursos naturais (para saber mais, vide SMA, 1998a e SMA, 1998b).

[4] A *Superinteressante*, respeitada revista de questões científicas dirigida ao público amador, em edição de junho de 2001, número especial sobre ecologia, trazia na capa a chamada "Como salvar a Terra – aquecimento global, águas poluídas, queimadas, lixo, espécies em extinção... Que estamos à beira de um colapso ecológico, você já sabe. Aqui, 70 páginas sobre o que é possível fazer – já – para evitar o pior".

emitidos pelo Worldwatch Institute desde 1984 sobre o "estado do mundo" em termos da crise ambiental global, passou a ser foco de preocupação da ONU em 2001, com o lançamento do propósito inédito do estudo para mapear e avaliar a saúde ambiental do planeta, intitulado *Avaliação de Ecossistemas do Milênio.*

Após os fracassos do encontro da Cúpula da Terra em setembro de 2002, celebrando o Rio + 10, em Johannesburgo, na África do Sul, pouco se tem a comemorar em relação às metas estabelecidas na ECO-92, fator gravíssimo se tomarmos como singela referência o alerta dado pelo Fundo Mundial para a Natureza (WWF), em 2000, no chamado *Relatório Planeta Vivo 2000* no qual, há um alerta: o uso de recursos pelo homem excedeu em 42,5% a capacidade de renovação da biosfera, ou seja, para se manter os padrões de consumo atuais de uma população de 6 bilhões de pessoas, seria necessária quase meia Terra a mais.

É nesse contexto que surge o paradigma da sustentabilidade ou do desenvolvimento sustentável, considerado por alguns autores a "grande ideologia do século XXI", que, em poucas palavras, é o desenvolvimento "limpo", sem altos custos ambientais. Foi motivada pela conscientização de que o crescimento econômico não poderia mais se desenvolver a qualquer custo e de que o planeta sofria de uma crise ambiental crônica – motivada por modelos de desenvolvimento que desconsideravam totalmente o meio ambiente. Diversos princípios e práticas vêm sendo divulgados contemporaneamente no sentido do fomento dessas estratégias que considerem essa premissa maior.

Sachs (1993: 24) aponta a necessidade de se considerar simultaneamente cinco dimensões da sustentabilidade, no momento do planejamento do desenvolvimento:

a) *Sustentabilidade social*, entendida como a consolidação de um processo de desenvolvimento baseado em outro tipo de crescimento e orientado por outra visão do que é a boa sociedade. O objetivo é construir uma civilização do "ser", em que exista maior eqüidade na distribuição do "ter" e da renda, de modo a melhorar substancialmente os direitos e as condições de amplas massas de população e a reduzir a distância entre os padrões de vida de abastados e não-abastados. Deve-se considerar o desenvolvimento em sua multidimensionalidade, abrangendo todo o espectro de necessidades materiais e não-materiais, como corretamente enfatiza o Programa das Nações Unidas para o Desenvolvimento – PNUD no *Relatório sobre o Desenvolvimento Humano*, ainda que tal ênfase não se reflita no reducionismo de seu índice de desenvolvimento humano.

b) *Sustentabilidade econômica*, possibilitada por uma alocação e gestão mais eficientes dos recursos e por um fluxo regular no investimento público e privado. Uma condição fundamental para isso é superar as atuais condições externas, decorrentes de uma combinação de fatores negativos já mencionados: o ônus do serviço da dívida e do fluxo líquido de recursos financeiros do Sul para o Norte, as relações adversas de troca, as barreiras protecionistas ainda existentes nos países industrializados, e, finalmente, as limitações do acesso à ciência e tecnologia. A eficiência econômica deve ser avaliada mais em termos macrossociais do que apenas por meio de critérios de lucratividade microempresarial.

c) *Sustentabilidade ecológica*, que pode ser incrementada pelo uso das seguintes alavancas:
   - aumento da capacidade de carga da espaçonave Terra por meio da engenhosidade ou, em outras palavras, intensificação do uso dos recursos potenciais dos vários ecossistemas – com um mínimo de dano aos sistemas de sustentação da vida – para propósitos socialmente válidos;
   - limitação do consumo de combustíveis fósseis e de outros recursos e produtos facilmente esgotáveis ou ambientalmente prejudiciais, substituindo-os por recursos ou produtos renováveis e/ou abundantes e ambientalmente inofensivos; redução do volume de resíduos e de poluição, por meio da conservação e reciclagem de energia e recursos;

- autolimitação do consumo material pelos países ricos e pelas camadas sociais privilegiadas em todo o mundo;
- intensificação da pesquisa de tecnologias limpas que utilizem de modo mais eficiente os recursos para a promoção do desenvolvimento urbano, rural e industrial;
- definição das regras para uma adequada proteção ambiental, concepção da máquina institucional, bem como escolha do conjunto de instrumentos econômicos, legais e administrativos necessários para assegurar o cumprimento das regras.

d) *Sustentabilidade espacial*, voltada para uma configuração rural-urbana mais equilibrada e para uma melhor distribuição territorial de assentamentos humanos e atividades econômicas, com ênfase nas seguintes questões:
- concentração excessiva nas áreas metropolitanas;
- destruição de ecossistemas frágeis, mas vitalmente importantes, por processos de colonização descontrolados;
- promoção de projetos modernos de agricultura regenerativa e agroflorestamento, operados por pequenos produtores, proporcionando para isso o acesso a pacotes técnicos adequados, ao crédito e aos mercados;
- ênfase no potencial para industrialização descentralizada, associada a tecnologias de nova geração (especialização flexível), com especial atenção às indústrias de transformação de biomassa e ao seu papel na criação de empregos rurais não-agrícolas;
- estabelecimento de uma rede de reservas naturais e de biosfera para proteger a biodiversidade.

e) *Sustentabilidade cultural*, em busca das raízes endógenas dos modelos de modernização e dos sistemas rurais integrados de produção, privilegiando processos de mudança com continuidade cultural e traduzindo o conceito normativo de ecodesenvolvimento em uma pluralidade de soluções particulares, que respeitem as especificidades de cada ecossistema, de cada cultura e de cada local.

Nesse sentido, discute-se que é imperioso que cada sociedade se estruture em termos de sustentabilidades próprias, segundo suas tradições culturais, seus parâmetros próprios e sua composição étnica específica. Esse aspecto não invalidaria as conquistas universais hoje consolidadas nos princípios da Declaração dos Direitos Humanos e outras declarações e acordos mais universais.

Todavia, a abordagem da sustentabilidade não se dá apenas nos modelos de desenvolvimento e de crescimento econômico, mas também nas propostas de construção de novas sociedades, as sociedades sustentáveis (Brown, 1981). Diegues (1992) considera o conceito de "sociedades sustentáveis" mais adequado que o de desenvolvimento sustentável, na medida em que possibilita a cada uma delas definir seus padrões de produção e de consumo, bem como o de bem-estar, a partir de sua cultura, de seu desenvolvimento histórico e de seu ambiente natural. Além disso, deixa-se de lado o padrão das sociedades industrializadas, enfatizando-se a possibilidade da existência de uma diversidade de sociedades sustentáveis, desde que pautadas pelos princípios básicos da sustentabilidade ecológica, econômica, social e política. Para o autor, o meio ambiente e o desenvolvimento são meios e não fins em si mesmos – nesse sentido, ele se refere à sustentabilidade dos modos de vida, em que a qualidade de vida passa a ser uma prioridade.

Na área do turismo, a premissa da sustentabilidade ganhou força a partir da Conferência do Rio de Janeiro, a ECO-92, quando começou a aparecer uma grande quantidade de contribuições a partir do principal documento resultante do evento, a *Agenda 21*, que constitui-se em uma carta de compromisso para a aplicação do modelo de desenvolvimento sustentável no século XXI, e apresenta diretrizes norteadoras em escala global para a formulação das agendas nacionais, estaduais e municipais.

Assim, no mesmo ano de 1992, o World Wildlife Fund – WWF, juntamente com o Tourism Concern – ambas organizações não-governamentais de inserção mundial –, elaboraram um documento de discussão sobre os *Princípios do Turismo Sustentável*. Esse documento coloca ênfase na conservação dos recursos turísticos de base para assegurar o equilíbrio entre as partes implicadas, ou seja, o turismo e o meio ambiente (WWF/TC, 1992).

Os princípios contemplados foram:

1. **uso sustentável dos recursos:** a conservação e o uso sustentável dos recursos-naturais, sociais e culturais – dá sentido às atividades a longo prazo;
2. **redução do consumo abusivo e de desperdícios:** essa redução evita os custos de restaurar o dano produzido a longo prazo no meio ambiente e contribui para a qualidade do turismo;
3. **manutenção da diversidade:** é essencial para o turismo sustentável a longo prazo manter e promover uma diversidade natural, social e cultural, que crie uma base flexível para a "indústria" de viagens e turismo;
4. **integração do turismo no planejamento:** o desenvolvimento turístico que se integra ao planejamento estratégico nacional e local, implicando previsões sobre o impacto ambiental, aumenta a longo prazo a viabilidade do turismo;
5. **apoio à economia social:** o turismo que apóia uma grande escala de atividades econômicas locais, e considera os custos e valores ambientais, ao mesmo tempo que protege essa economia e evita danos ambientais;
6. **compromisso com as comunidades locais:** o compromisso pleno das comunidades locais no setor turístico não apenas beneficia elas mesmas e o meio ambiente em geral, como melhora a qualidade da experiência turística;
7. **consulta a profissionais e ao público:** é essencial a consulta à "indústria" turística e às comunidades locais, organismos e instituições, a fim de que trabalhem em conjunto e resolvam potenciais conflitos;
8. **capacitação de pessoas:** a capacitação de pessoas que integram o turismo sustentável na prática, assim como o recrutamento de pessoal local em todos os níveis, melhora a qualidade do produto turístico;

9. **marketing turístico responsável:** o marketing que facilita aos turistas uma informação completa e responsável, aumenta o respeito pelo meio ambiente natural, social e cultural das áreas de destino e potencializa a satisfação do consumidor;
10. **pesquisa:** é essencial a pesquisa continuada e sua assistência para uma "indústria" por meio de dados e análises, para a resolução de problemas e para fomentar benefícios nas des tinações, para a "indústria" e para os consumidores.

Já a Organização Mundial de Turismo – OMT (WTC, WTO & Earth Council, 1994), descreve o desenvolvimento turístico sustentável como aquele que concilia as necessidades dos atuais viajantes e regiões hospedeiras, enquanto protege e mantém a oportunidade para gerações futuras. Ele é visto como o mais importante fator na gestão de todos os recursos de forma a que as necessidades econômicas, sociais e estéticas possam ser satisfeitas, ao mesmo tempo que mantém a integridade cultural, os processos ecológicos essenciais, a diversidade biológica e os sistemas de suporte à vida. Em 1997 a OMT chegou a publicar até mesmo um "guia prático para o desenvolvimento e uso de indicadores de turismo sustentável", no sentido de subsidiar o monitoramento de seu desenvolvimento responsável.

A RESPONSABILIDADE SOCIOAMBIENTAL E AS EMPRESAS DO SEGMENTO DE HOSPEDAGEM

Apesar de a atividade turística figurar na *Agenda 21* como uma das principais estratégias de sustentabilidade, é evidente que seu desenvolvimento provoca impactos negativos nas esferas sociocultural, econômica e ambiental. Contudo, é necessário ressalvar a responsabilidade de todos os atores e suas atribuições no sistema de turismo: o viajante, a comunidade hospedeira, o governo, o terceiro setor e, enfim, o setor privado.

No que se refere à participação das empresas turísticas, destaca-se sua importância na catálise do desenvolvimento da atividade, seja na emissora (responsável pela distribuição de destinações turísticas), seja na receptora (atendendo as necessidades dos visitantes, principalmente nos serviços de hospitalidade e entretenimento). Assim, o segmento de hospedagem desponta como um dos pilares do turismo pois assegura o pernoite tão desejado pelas localidades receptoras.

Nesse sentido, tanto a gestão social quanto a ambiental são fatores tão importantes quanto a administração financeira e mercadológica para uma organização na atualidade, tomando-se como referencial fundamental a postura de um mercado consumidor não apenas mais consciente de seus direitos, mas também decidido e exigente, optando pela compra de produtos de empresas com um sério posicionamento em relação ao seu comprometimento com o bem-estar da comunidade no qual se insere e seu meio ambiente.

Tal gestão socioambiental constitui-se, portanto, em um novo imperativo, o que reforça a oportunidade para mais uma vantagem competitiva. Tal postura mais proativa em relação ao desenvolvimento sustentável do turismo objetiva o estabelecimento de sistemas e processos visando a dez prioridades (WTTC, WTO & Earth Council, 1994) para ação:

1. minimização do desperdício;
2. conservação e gestão de energia;
3. gestão de recursos hídricos;
4. gestão de águas residuais;
5. gestão de substâncias perigosas;
6. gestão do transporte;
7. planejamento e gestão de uso do solo;
8. envolvimento dos públicos interno (quadro de pessoal) e externo (clientes e comunidade) em questões ambientais;
9. *design* para a sustentabilidade;
10. desenvolvimento da sociedade para o desenvolvimento sustentável.

Essa forma de desenvolvimento tem custos menores que os do modelo da exploração predatória, como o exemplo das Ilhas Baleares, na Espanha (Middleton & Clarke, 2002), que tão bem caracterizou o turismo no período de 1960 a 1980 – provocando inclusive o neologismo do termo "balearização", a fim de caracterizar as destinações turísticas duramente massificadas. Hoje, com recursos da União Européia, o governo espanhol, em parceria com o setor privado, tenta reerguer tal destinação, bem como todos os empreendimentos nela inseridos, em especial o setor hoteleiro.

A CERTIFICAÇÃO AMBIENTAL COMO ESTRATÉGIA PARA INSERÇÃO NO MERCADO INTERNACIONAL

A relação mais harmoniosa entre o setor de turismo e o meio ambiente, no setor privado, vem se dando através da implantação de sistemas de gestão ambiental nas empresas[5]. Além do pressuposto ideológico da proteção ambiental, a preocupação com esse fator justifica-se pela:

- redução de consumo e, em decorrência, redução de custos;
- fidelização do consumidor e fortalecimento da imagem institucional;
- maior envolvimento das equipes de trabalho;
- benefícios a longo prazo para o negócio.

Para sua implantação, é necessário o estabelecimento de uma política ambiental, que pode ser definida como uma declaração das intenções e princípios para ação de uma empresa em relação ao meio ambiente, incluindo o cumprimento irrestrito da legislação incidente (Consejería de Medio Ambiente, 2000). Os requisitos básicos a ser destacados por uma política ambiental são:

---

[5] No Reino Unido, a International Hotels Environment Iniciative (Ihei) é um ótimo exemplo mundial de assistência à hotelaria para as questões ambientais. Essa organização não-governamental publica estudos de casos, relação de recursos ambientalmente adequados, vídeos e até uma revista especializada.

- compromisso de cumprimento da legislação;
- compromisso de adoção de objetivos ambientais;
- compromisso de melhoria contínua de sua conduta ambiental;
- conhecimento e manutenção da política ambiental por todos os empregados;
- transparência da conduta ambiental da empresa;
- estabelecimento de todos os procedimentos por escrito.

A partir da política ambiental estabelecida será realizada uma "avaliação ambiental preliminar", para conhecer a relação da organização com o meio ambiente, em termos das repercussões do desenvolvimento da atividade sobre o meio ambiente e as práticas de gestão ambiental em vigor na organização. A partir dessa avaliação, estabelece-se um programa ambiental, que pode ser definido como a descrição das atividades e de objetivos específicos da empresa para assegurar uma melhor proteção ambiental de localidades determinadas.

O sistema de gestão ambiental deve conter ainda a previsão de sua estrutura e responsabilidades, formação, sensibilização e competência profissional, a comunicação e todo o seu suporte documental. Para monitoramento de sua eficiência e eficácia, são feitas auditorias ambientais periodicamente (Unep & IH&RA, 1991).

Tais Sistemas de Gestão Ambiental podem gozar da obtenção de "Selos Verdes"[6] para uma chancela mais "oficializada" em âmbito externo à organização. Há no mundo inúmeras iniciativas de selos no setor de turismo (Unep,1998), inclusive para o uso de atrativos, como é o caso da Campanha Bandeira Azul, na verdade um programa de certificação europeu para qualificar o estado ambiental das praias do Mediterrâneo (Unep, WTO & Feee, 1996) – a Blue Flag Campaign.

Um processo de certificação basicamente subentende a adoção de um sistema-padrão de aceitação internacional e com rígidos cri-

---

[6] Esse *status* se assemelha em muito à Certificação Ambiental, mas tem atuação mais localizada, em um país ou dentre aqueles produtos de conceitos e formatos semelhantes.

térios de qualidade. Esse *status* qualifica a organização, bem como seus produtos e serviços, para competir em mercados consumidores mais exigentes e representa, portanto, um diferencial diante da oferta concorrente, dando à organização vantagens competitivas. No caso da certificação ambiental no setor de turismo, esse procedimento é recente e ainda não consolidado, havendo poucos e dispersos modelos localizados sendo difundidos em todo o mundo.

Podemos citar como principais sistemas os da Costa Rica (*Certification for Sustainable Tourism*, empreendido pelo governo), da Austrália (*Nature & Ecotourism Certification Programme*, empreendido pelo governo e em parceria com universidades) ou pelo WTTC, o Conselho Mundial de Viagens e Turismo, através do Programa *Green Globe 21* de Gestão Ambiental (órgão internacional do terceiro setor, composto pelas principais companhias do turismo).

O programa de certificação ambiental mais difundido no setor de turismo talvez ainda seja o da ISO 14001 (Ricci, 2002; Abreu, 2001; Lamprecht & Ricci, 1997), apesar de pouco aplicado no Brasil (registramos apenas alguns hotéis da Rede Tropical e os Hotéis-Escola do Serviço Nacional de Aprendizagem Comercial – SENAC, de São Paulo, em Águas de São Pedro e Campos do Jordão). Esse sistema, a ser estruturado em vinte normas internacionais, visa orientar as empresas a obter um bom desempenho ambiental, através de ações de planejamento, implementação e operação, verificação e ação corretiva e auditoria do sistema de gestão ambiental.

Outro programa de abrangência global é o Green Globe, aberto a empresas do setor de viagens e turismo de todos os tamanhos, segmentos e localidades voltados para melhorias de práticas ambientais. Seu principal objetivo é prover soluções de baixo custo para a melhoria de práticas ambientais, demonstrando que também é importante para o posicionamento de um bom negócio a proteção e o desenvolvimento ambiental. Todavia, há também críticas de como sua difusão vem se dando (WWF/UK, 2000). Já no Brasil, está em difusão o Programa Hóspedes da Natureza, da Associação Brasileira da Indústria de Hotéis ABIH. A própria nova matriz de classificação do Instituto Brasileiro de Turismo – Embratur, em parceria com a ABIH, bem como o Programa de Gestão Ambiental da Associação dos Roteiros de Charme, em parceria com o Programa de Meio Ambiente das Nações Unidas – PNUMA.

CONSIDERAÇÕES FINAIS

O turismo constitui-se em um dos mais significativos fenômenos sociais da atualidade. Apesar de seu desenvolvimento se dar há pouco mais de um século, a atividade vem crescendo em velocidade exponencial, o que implica não apenas um aumento de volume de viagens realizadas, mas também a distribuição espacial por todo o globo terrestre, a freqüência ao longo de todo o ano, e a busca pelas mais diversificadas experiências.

Em decorrência de seu desenvolvimento, há impactos benéficos e prejuízos de todas as ordens, assim como toda atividade econômica que gera desenvolvimento gera também a destruição, muito embora esteja destacada como alternativa de desenvolvimento sustentável. Então, o que diferencia o turismo atual do turismo passado?

Em termos quantitativos, ele cresceu violentamente, apesar da incompatibilidade de sua taxa de crescimento, em relação à taxa de crescimento vegetativo do planeta. Significa dizer que o primeiro grande desafio do turismo sustentável é ser democraticamente mais acessível (sob a óptica da gestão pública, que seja devidamente encarado como direito do cidadão o acesso ao lazer turístico, e, pela do setor privado, que desenvolva negócios mais criativos e o fomento do turismo social), atingindo as mais amplas camadas sociais (o que inevitavelmente implica ressaltar a necessidade de gestão da escala de visitação).

Em termos qualitativos, além do planejamento, organização, direção e controle convencionais do processo, há que se administrar dois fatores, numa coalizão em diversas instâncias: a concentração temporal e espacial do fenômeno. Significa dizer que muitas vezes o problema do turismo não é sua escala de visitação, mas sim que há pressão de demanda nas mesmas épocas e nos mesmos territórios (vale lembrar que tais fatores não são recentes, pois a sazonalidade da demanda e a preferência por determinados destinos em detrimento de outros é histórica; simplesmente sua abordagem tinha como preocupação principal a questão econômica, e logicamente, então, o problema não era amenizar a "alta temporada", mas sim, como melhorar a "baixa temporada").

Por outro lado, como resposta dos viajantes, enquanto novo comportamento de consumo, há um significativo aumento de procura por viagens de curta e média distâncias, de forma mais diluída ao longo do ano, e por produtos cada vez mais segmentados. Tal característica não representa apenas uma amenização dos efeitos mencionados. Muito pelo contrário, pois a busca se dá por ecossistemas "mais frágeis" e em comunidades "pouco globalizadas", pulverizando os problemas decorrentes de seu desenvolvimento. Isto mostra que o turismo sustentável não se dá apenas por processos de gestão, mas também pelas condutas de consumo e de hospitalidade.

Seja empiricamente (adquirindo experiências), seja pelo avanço das ciências (aprimoramento da difusão do conhecimento), o turismo passa para uma nova etapa, na qual se desenvolvem tecnologias com a finalidade de gestão das localidades receptoras para o uso adequado do patrimônio ambiental. Além disso, há mais eficiência e eficácia dos processos administrativos dos inúmeros negócios direta e indiretamente ligados à atividade, as posturas das políticas públicas se ajustam ao estabelecimento de premissas para formas de desenvolvimento, e, principalmente, a demanda turística e as comunidades hospedeiras estão cada vez mais conscientes de seus direitos e deveres.

É no protagonista do fenômeno – o visitante – que se detém uma grande responsabilidade – não exclusiva, e a maior vantagem, em relação aos outros fatores pró-sustentabilidade, a de consumir ou não-consumir. Além de os diversos atores conhecerem os mecanismos para que o turismo se desenvolva protegendo, é na demanda que se pode encontrar a melhor alternativa para o turismo sustentável, pois o mercado só irá ofertar "produtos sustentáveis" se há oportunidades de demanda! Daí a pergunta: há uma "demanda sustentável"?

Além de destacar que o turismo não é a única alternativa de desenvolvimento, há que se fortalecer a idéia de que ele não deve ser um fim em si mesmo, uma mera opção de uso do tempo livre – assim como a sustentabilidade do turismo não deve se restringir a ter-se uma "experiência sustentável". É necessário inserir a oportunidade da magia do turismo no contexto do mundo em que vivemos: socioeconomicamente desigual e ambientalmente autofágico!

Isso significa uma volta às origens do turismo, fortemente vinculado à educação. Agora, não mais restrito a uma elite social, mas ampliado em volume e intensificado nas interações e integrações entre visitante, visitado e meio ambiente. Significa não apenas a educação para a prática do turismo, mas também, e principalmente, a educação pelo turismo, a fim de que possamos construir um mundo melhor, mais justo e mais sadio, pelo bem da espécie humana no planeta Terra.

REFERÊNCIAS BIBLIOGRÁFICAS

ABREU, D. *Os ilustres hóspedes verdes.* Salvador, Casa da Qualidade, 2001.

BROWN, L. R. *Building a sustainable society.* Nova York, W. W. Norton & Company, 1981.

BURKART, A. J. & MEDLIK, S. *Tourism:* past, present and future. Londres, Heinemann, 1974.

COMISSÃO MUNDIAL SOBRE MEIO AMBIENTE E DESENVOLVIMENTO. *Nosso futuro comum.* Rio de Janeiro, Fundação Getúlio Vargas, 1991.

CONSEJERÍA DE MEDIO AMBIENTE. *Manual de gestión ambiental y auditoría* – sector de hotelería y ocio. Madri, Consejería De Medio Ambiente/Dirección General de Educación y Promoción Ambiental, 2000.

DEAN, W. *A ferro e fogo:* a história e a devastação da mata atlântica brasileira. São Paulo, Companhia das Letras, 1996.

DIEGUES, Antonio Carlos Sant'Ana. *O mito moderno da natureza intocada.* São Paulo, Hucitec, 1996.

______. "Desenvolvimento sustentável ou sociedades sustentáveis: da crítica dos modelos aos novos paradigmas". *São Paulo em perspectiva,* v. 6, n. 1 e 2, jan./jun./1992, p. 22-9.

DOREN, C. S. Van & LOLLAR, S. A. "The consequences of forty years of tourism growth". *Annals of Tourism Research.* EUA, University of Wisconsin-Stout, v.12, n.3, 1985, p. 467-90.

ECHTNER, C. M. & JAMAL, T. B. "The disciplinary dilemma of tourism studies". *Annals of Tourism Research.* EUA, University of Wisconsin-Stout, v. 24, n. 4, 1997, p. 868-83.

FUSTER, L. F. *Historia general del turismo de masas.* Madri, Alianza Universidad Textos, 1991.

KADT, E. de. *Tourism passaport to development?* Washington, D.C., Unesco/International Bank, 1979.

LAGO, A. & PÁDUA, J. A. *O que é ecologia.* São Paulo, Brasiliense, 1992.

LAMPRECHT, J. & RICCI, R. *Padronizando o sistema da qualidade na hotelaria mundial* – como implementar a ISO 9000 e ISO 14000 em hotéis e restaurantes. Rio de Janeiro, Qualitymark, 1997.

MAGALHÃES, L. E. de. (coord.) *A questão ambiental.* São Paulo, Terragraph, 1994.

MIDDLETON, V. T. C. & CLARKE, J. *Marketing de turismo:* teoria e prática. Rio de Janeiro, Campus, 2002.

NAISBITT, J. *Paradoxo global* – quanto maior a economia mundial, mais poderosos são os seus protagonistas menores: nações, empresas e indivíduos. Rio de Janeiro, Campus, 1991.

NOGUEIRA NETO, P. *Os grandes problemas ambientais do mundo contemporâneo.* São Paulo, IEA/USP. (Coleção Documentos – Série Política Científica e Tecnológica), 1995.

O'CONNOR, M. *Is capitalism sustainable?* Political economy and the politics of ecology. Nova York, Guilford Press, 1994.

ODUM, E. *Ecologia.* São Paulo, Pioneira, 1988.

ONU lança estudo de US$ 21 milhões para avaliar saúde ambiental do planeta. *Folha de S. Paulo,* São Paulo, 6/6/2001.

ORGANIZACIÓN MUNDIAL DEL TURISMO. *Lo que todo gestor turístico debe saber:* guía práctica para el desarrollo y uso de indicadores de turismo sostenible. Madri, 1997.

_____. *Anuário de estadísticas del turismo.* Madri, OMT, 1997.

_____. *International tourism overview.* Madri, OMT, 1995.

_____. *El turismo hasta el año 2000:* aspectos cualitativos que afectam su crecimiento mundial. Madri, OMT, 1990.

OTTMAN, J. A. *Marketing verde:* desafios e oportunidades para a nova era do marketing. São Paulo, Makron Books, 1994.

RICCI, R. *Hotel* – gestão competitiva no século XXI: ferramentas práticas de gerenciamento aplicadas à hotelaria. Rio de Janeiro, Qualitymark, 2002.

SARTOR, L. F. *Turismo:* viabilidade e alternativas. Porto Alegre, Escola Superior de Teologia São Lourenço de Brindes (Coleção Nossa Terra), 1981.

SACHS, I. *Estratégias de transição para o século XXI:* desenvovimento e meio ambiente. São Paulo, Studio Nobel/Fundap, 1993.

SEAGER, Joni. *The state of the environment atlas.* Londres, Penguin Books, 1995.

SMA. *Normas básicas sobre licenciamento ambiental e estudo de impacto ambiental.* São Paulo, Secretaria do Meio Ambiente, 1998a.

_____. *Relatório ambiental preliminar* – RAP – roteiros básicos. São Paulo, Secretaria do Meio Ambiente, 1998b.

TABER, G. M. "The new age of travel from Asia to the Americas, growing wealth and leisure promise to make the 21st century a golden era of tourism". *Time,* Nova York, 12 jun./1995, p. 38-51.

TOWNER, John. "What is tourism's history?". *Tourism Management.* Inglaterra, Butterworth-Heinemann, v. 16, n. 5, 1995, p. 339-43.

_____. "The Grand Tour: a key phase in the history of tourism". *Annals of Tourism Research.* EUA, University of Wisconsin-Stout, v. 12, n. 3, 1985, p. 339-43.

UNEP. *Ecolabels in the tourism industry.* Paris, United Nation Environment Program, 1998.

UNEP, WTO & FEEE. *Awards for improving the coastal environment:* the example of the Blue Flag. Paris, United Nation Environment Program/World Tourism Organization/Foundation for Environmental Education in Europe, 1996.

UNEP & IH&RA. *Green hotelier* – environmental good practice in hotels. Paris, United Nation Environment Program & International Hotel and Restaurant Association, 1991.

VIEIRA, P. F. *et al.* (orgs.). *Desenvolvimento e meio ambiente no Brasil* – a contribuição de Igracy Sachs. Porto Alegre, Palloti, 1998.

WORLD TRAVEL AND TOURISM COUNCIL. *The 1996/7 WTTC travel & tourism report.* EUA, 1996.

______. *World travel and tourism review:* indicators, trends and forecasts. v. 1. EUA, 1991.

WTO. *Tourism Highlights 2000.* 2. ed. Madri, World Tourism Organization, ago./ 2000.

WTTC, WTO & EARTH COUNCIL. *Agenda 21 for the travel & tourism industry:* towards environmentally sustainable development. Londres, WTTC, 1994.

WWF/TC. *Beyond the green horizon.* Londres, World Wide Fund for Nature & Tourism Concern, 1992.

WWF/UK. *Tourism certification:* an analisis of Green Globe 21 and other tourism certification programmes. Londres, World Wide Fund for Nature, 2000.

Gestão da informação e da comunicação

GESTÃO ESTRATÉGICA DA INFORMAÇÃO NA HOTELARIA: UM DIAGNÓSTICO DE SANTA CATARINA[1]

Sara Joana Gadotti dos Anjos
Aline França de Abreu

INTRODUÇÃO

Vital para as organizações, com vários casos de sucesso, a gestão da informação, tanto na integração de suas técnicas quanto no planejamento, tem demonstrado ser uma das ferramentas diferenciais para qualquer tipo de organização.

Por conseguinte, as organizações hoteleiras que visam atender e satisfazer os anseios dos hóspedes de um modo geral mantêm a informação como uma ferramenta de vantagem competitiva.

O grande número de pessoas que se desloca entre cidades, estados e países vem apresentando crescimento acelerado nas últimas décadas, fazendo com que a *indústria* do turismo expanda-se rapidamente. Neste contexto, utilizadas de forma adequada, as informações podem constituir-se em vantagem competitiva também nas organizações hoteleiras. Dessa forma, torna-se importante a compreensão de novas atribuições da gerência de hotéis na atual fase econômica mundial.

[1] A análise dos dados contou com a colaboração do acadêmico da Univali, Adriano Lazzari de Oliveira.

Diante do contexto apresentado, a gestão da informação na hotelaria parece-nos um fator indispensável, não apenas para a melhoria da qualidade dos serviços, mas para o aprimoramento do turismo como um todo.

Constatando que os estudos sobre gestão da informação em hotéis são ainda incipientes no Brasil (e também no mundo), este trabalho visa contribuir para a ampliação e sistematização da produção científica na área da gestão hoteleira, auxiliando não apenas o meio científico, mas sobretudo, empresarial.

A GESTÃO DA INFORMAÇÃO E A HOTELARIA

INFORMAÇÃO E GESTÃO

Para discutir a categoria informação, tomamos inicialmente Roque (1998), que ao fazer retrospectiva conceitual do termo, busca identificar conceitos dos mais diversos autores e considera informação como um fato, um evento, um comunicado ou, ainda, somente uma coleta de dados.

Na busca da distinção entre os conceitos de dados e de informação, tomamos Oliveira (1993: 34) quando aponta que a "informação é todo tipo de dado que dá suporte no processo de tomada de decisão". Ela possibilita ao tomador de decisão a real compreensão dos fatos, criando a possibilidade de uma posição mais favorável diante de situações. Os dados dizem respeito ao fato em si, e as informações são os dados/fatos interpretados, passíveis de utilização. As informações auxiliariam o gestor, afetando ou modificando o comportamento no meio empresarial. Elas possibilitam, então, gerenciar a empresa o mais próximo da realidade.

Laudon & Laudon (1996) caracterizam a informação como recurso estratégico, vantagem competitiva para a concorrência, que garante assim a sobrevivência da organização. Ao ampliar a discussão, retomamos Oliveira (1993: 36) que considera a informação como

> [...] o produto da análise dos dados existentes na empresa, devidamente registrados, classificados, organizados, relacionados e interpretados

dentro de um contexto para transmitir conhecimento e permitir a tomada de decisão de forma otimizada.

Nesse sentido, o objetivo da informação para a empresa é auxiliá-la a alcançar suas metas por meio do uso eficiente dos seus recursos. Esses recursos dizem respeito a pessoas, materiais, equipamentos, tecnologia, finanças, além da própria informação.

Para Abreu *et al.* (1997: 59) "o sucesso da empresa depende essencialmente da qualidade da informação disponível", a informação apresenta-se como base para a tomada de decisão e, dependendo da fidedignidade dos dados, tornar-se-á um elemento essencial para o gestor. De posse das informações, o tomador de decisão terá uma visão realista dos passos que irão ser executados.

A partir disso, podemos distinguir cinco modelos de estilos gerenciais, identificado por McGee & Prusak (1994) e Davenport & Prusak (1998), a saber: federalismo, feudalismo, monarquia, anarquia e tecnocracia, conforme apresenta resumidamente no Quadro 1.

Quadro 1 – Modelos de Gerência da Informação

Federalismo Abordagem de gerência, baseada no consenso e na negociação de elementos de informação-chave e no fluxo da informação para a organização.
Feudalismo Gerência por unidades de negócios ou funcionais. As unidades definem suas próprias necessidades de informação e repassam apenas uma informação limitada à empresa em geral.
Monarquia A classificação da informação e a definição de seu fluxo pela organização são feitas pelos líderes da empresa.
Anarquia Ausência de uma gerência da informação, que deixa a cargo dos indivíduos a obtenção e gerência das próprias informações.
Tecnocracia Abordagem altamente tecnológica do gerenciamento da informação que enfatiza a classificação e a modelagem do patrimônio de informações, apoiada fortemente em novas tecnologias.

Fonte: Adaptado dos Estilos de Gerência da Informação de McGee & Prusak (1994: 155)

Cabe à empresa adequar-se à estrutura política que melhor se adapte às suas necessidades, pois os modelos apresentados estão voltados tão-somente para a política informacional. O modo como a informação é utilizada torna-se ponto crucial da gestão, além de constituir-se como objetivo maior na construção de uma cultura da informação.

Nos diversos setores de uma organização, os gerentes de todos os níveis verificam que as dimensões comportamental e cultural na mudança com freqüência são difíceis de serem alcançadas. Organizações que buscam o aperfeiçoamento da qualidade, redefinindo processos, aumentando a satisfação do cliente, percebem que as citadas dimensões têm aparência mais fácil do que se constituem na verdade.

O planejamento de novos processos de trabalho, novas estruturas organizacionais, novas estratégias, quando comparado às alterações diárias de comportamentos e de atitudes, constituem-se em dimensões muito mais fáceis de serem alcançadas.

Outra dimensão a ser analisada diz respeito ao ambiente externo. As organizações precisam estar informadas sobre o que acontece a seu redor, bem como sobre do que os consumidores necessitam, o que os concorrentes tentam realizar, o que as regulamentações governamentais as obrigam a fazer. Nesse sentido, se observa que:

> Uma grande parte do volume informacional interno da empresa refere-se ao ambiente externo dos negócios. [...]. Os consumidores exigem que nossas diferentes unidades compartilhem informações sobre os negócios realizados com eles. Fornecedores externos precisam saber sobre nosso negócio a fim de renovar eficientemente o fornecimento de seus produtos (Davenport & Prusak, 1998: 247).

Nesse sentido, o fortalecimento de uma organização está ligado diretamente ao conhecimento e controle de seu ambiente externo quando defronta com tendências setoriais e orientações do governo local ou engaja-se em uma batalha mercadológica.

Nessas circunstâncias, de acordo com Davenport & Prusak (1998), para as empresas há pelo menos três direções básicas, a partir das quais se pode reagir ao ambiente externo. A empresa pode: adaptar-se ao mundo exterior; investigar esse mundo em busca de transformações a que deve responder; moldar as condições exteriores, por meio de serviços e produtos da informação, visando a própria vantagem competitiva.

Em suma, na gerência da informação, uma estratégia a ser adotada pelas organizações é a de iniciar o planejamento do processo pelos componentes da equipe de gerenciamento informacional e pelo mapeamento da informação. Assim, a forma de atuação que é ideal para um determinado tipo de organização, pode não ser para outros tipos.

A informação apresenta-se como recurso básico para o desenvolvimento das atividades empresariais e sua valorização como produto econômico, quando bem gerenciada. Pode-se, assim, considerar a informação um ativo que precisa ser administrado da mesma forma que os outros tipos de ativo representados pelos seres humanos, capital, propriedades e bens materiais. No entanto, a informação representa uma classe particular dentre esses outros tipos de ativo. As diferenças decorrem do próprio potencial da informação assim como do desafio de administrá-la (McGee & Prusak, 1994).

Diante disso, de forma genérica, o desafio consiste na capacidade de coletar, identificar e reunir material potencialmente relevante, bem como sistematizar o fluxo das informações de modo a transformá-las em úteis para o estabelecimento de estratégias empresariais.

Nas organizações, o uso das informações é influenciado a cada momento pelo poder, quer seja político, pessoal, tecnológico ou econômico. A respeito desse fato, observa-se que as decisões sobre mercados, ofertas, tecnologia e competência são importantes para os administradores. Nas palavras de Nadler, Gerstein & Shaw (1994: 37):

> As organizações que tomam decisões estratégicas inadequadas terão mal desempenho, ou fracassarão. Nenhuma arquitetura organizacional pode ajudar uma estratégia mal concebida; tendo, porém uma estratégia viável e objetivos internamente consistentes, o desafio da administração é construir uma organização para realizar esses objetivos

estratégicos. Portanto, a estratégia determina tanto a natureza do trabalho como do produto organizacional crítico.

HOTELARIA E INFORMAÇÃO

A partir da década de 1970, no Brasil, surgem os grandes conglomerados econômicos multinacionais, estimulados principalmente dos incentivos fiscais e financiamentos. Com isto, o turismo foi considerado uma alternativa para o processo de desenvolvimento, uma vez que a vocação e intensidade turística de uma localidade são medidas por sua hotelaria.

A hotelaria é um setor importante para a economia, uma vez que segundo Medlik (1987: 4)

> [...] contribuem para o aumento da produção de bens e serviços, na medida em que absorvem e distribuem esses referidos bens e serviços. Ao atrair visitantes, que tendem a gastar numa taxa mais alta do que fariam quando em seus próprios lares.

Nos hotéis a produção, distribuição e o consumo são fatores simultâneos, para venda a diferentes segmentos de mercado. O contato com os hospedes é pessoal e o consumo dos diversos produtos pela clientela somente ocorrerá na medida que houver o deslocamento.

Num ambiente de alta concorrência, as empresas hoteleiras investem cada vez mais na busca pela qualidade de seus serviços. A gestão da informação pode tornar-se um elemento diferenciador nesse contexto de evolução, modernização e diversificação dos meios de hospedagem, para que possam atender a uma demanda cada vez mais exigente de clientes.

Entre muitos fatores, parecem razões suficientes para demonstrar a importância da hotelaria, segundo Dias (1990: 05)

> [....] a projeção econômica do turismo, que pode ser medida através das expressivas cifras das receitas de viagens internacionais, o impacto social que provoca, através da geração de grandes volumes de empregos, tanto diretos como indiretos.

O setor hoteleiro no Brasil, além do incremento da concorrência interna desencadeado pela entrada de redes internacionais, sente a influência de outros mercados concorrentes, que de certa forma estão investindo um maior número de recursos para aperfeiçoar a oferta de produtos e serviços que satisfaçam aos desejos e necessidades de seus clientes.

Diante desta situação, Silva (1999: 2) afirma que

> [...] os empresários precisam conhecer seu processo de prestação de serviços, identificando quais são as necessidades de seus clientes e criando mecanismos de realimentação de seus processos, de forma a possibilitar que estas necessidades sejam atendidas permanentemente. (1999: 2)

Dias (1990) afirma que metade dos gastos do turismo refere-se a hotelaria, e entre 60 e 75% dos gastos locais dos turistas estão atrelados a despesas de alimentação e hospedagem.

Nesse sentido, pode-se vislumbrar a relevância da temática informação, e suas inter-relações, que tem instigado muitas reflexões pela importância que adquire na tomada de decisões adequadas ao processo de mudança constante que todas as organizações vêm enfrentando atualmente, e dentre elas também as do setor hoteleiro.

O MÉTODO DE ANÁLISE

Para sustentar a análise foi desenvolvido um vasto levantamento bibliográfico dos temas: sistemas de informação e gestão hoteleira. Além disso, desenvolveu-se uma pesquisa exploratória, identificando a forma de utilização da informação estratégica e gerando um diagnóstico das informações utilizadas na gestão estratégica da informação na hotelaria.

Dada a natureza investigativa deste trabalho, foi adotado um questionário como metodologia para a pesquisa empírica, tomando como base Fowler Jr. (1991), objetivando dessa forma identificar os principais aspectos relacionados aos grupos de informações necessários para o uso de uma gestão estratégica da informação na hotelaria.

- A primeira parte referiu-se ao perfil do hotel em que o pesquisado atua (identificando o tamanho e categoria da empresa) e o perfil do pesquisado (o cargo e tempo de ocupação deste, o tempo de experiência e a qualificação profissional).
- A segunda parte focou a situação atual quanto ao uso de informações estratégicas, no hotel, abordando o estilo do gerenciamento da informação, os grupos de informações utilizados no processo de tomada de decisão, os principais softwares utilizados para auxiliar o processo na tomada de decisão, as principais informações externas utilizadas e as principais ferramentas gerenciais utilizadas como suporte no processo decisório organizacional.
- A terceira e última parte identificou a situação desejada pelos gestores hoteleiros quanto às expectativas relativas às ações a serem realizadas com base em uma gestão de informações no processo de tomada de decisão e as características desejadas para um sistema de informações estratégicas e os seus requisitos essenciais.

A identificação da população-alvo considerou hotéis das regiões da Grande Florianópolis, do litoral norte e do vale do Itajaí, do estado de Santa Catarina nas categorias turística, superior e luxo (Embratur, 2002). O recorte da categoria dos hotéis deve-se à preocupação de alcançar organizações nas quais a complexidade da informação tende a ser mais significativa. Quanto à definição das três regiões pesquisadas, optou-se pelas áreas de maior representatividade na hotelaria catarinense, abrangendo mais de 50% dos hotéis nas categorias pesquisadas, assim como o estado de Santa Catarina vem se configurando como um dos principais estados da Federação em recebimento de turistas, quer a lazer quer a negócios, com um crescimento da ordem de 10% ao ano.

OS SERVIÇOS HOTELEIROS CATARINENSES E A GESTÃO DA INFORMAÇÃO – UMA PESQUISA EXPLORATÓRIA

A pesquisa exploratória foi realizada em hotéis de categoria turística, superior e luxo. Os dados se referem a dez hotéis de categoria turística, dez hotéis de categoria superior e oito hotéis de categoria luxo. O equilíbrio entre as categorias dos hotéis proporcionou caráter mais confiável aos resultados, não se atendo somente aos hotéis de uma determinada categoria (Gráfico 1).

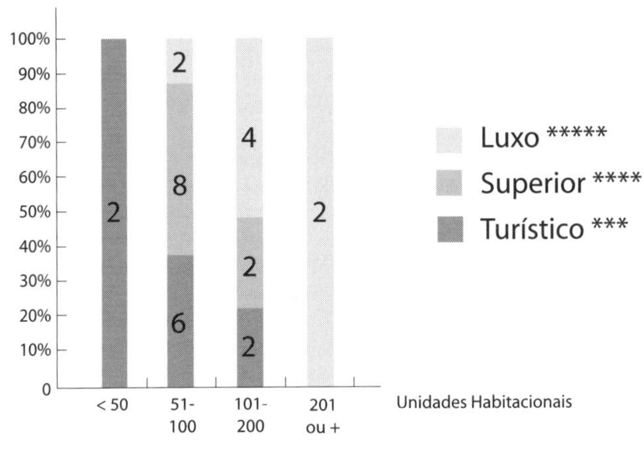

Gráfico 1 – Distribuição dos hotéis pesquisados por unidades habitacionais e por categorias

Quanto à fidedignidade dos dados, teve-se a preocupação de garantir a participação de hotéis de diferentes tamanhos. Pelas características das regiões pesquisadas, ocorreu uma concentração aos hotéis entre 51 e 100 unidades habitacionais (57%), no entanto as demais classes pesquisadas possuem seus representantes.

Ainda quanto ao perfil dos hotéis pesquisados, 64% comportam entre 201 e 400 hóspedes, com até cinqüenta funcionários na baixa temporada em 71% dos casos, enquanto o número aumenta para até cem funcionários na alta temporada, em 78% dos hotéis.

Em relação ao perfil dos respondentes, a maior participação foi dos gerentes gerais (51%) e dos gerentes operacionais (30%). Esses profissionais são na maioria (71%) oriundos da área de sociais aplicadas, com 3º grau completo, sendo 14% com pós-graduação. A respeito da experiência profissional, a maioria de respondentes (57%) tem de 10 a 20 anos. No tempo de ocupação do cargo, o índice acima de cinco anos corresponde à maioria (57%) de respondentes.

Quanto ao perfil da gestão da informação nos hotéis, observou-se primeiramente o estilo gerencial da informação adotado. De acordo com os respondentes todos os hotéis de categorias superior e luxo classificaram sua gerência no modelo monarquista, enquanto a maior parte dos hotéis de categoria turística classificou-se como federalista (Gráfico 2). Esse fato demonstra duas situações distintas. Os hotéis de categoria turística tendem a ter uma gerência que trabalha com consenso e negociação. Por outro lado, um modelo mais centrado nos líderes da organização, que filtram as informações, mantendo uma estrutura mais funcional e hierarquizada, é nitidamente observado em hotéis de categoria superior e luxo.

No que se refere aos recursos utilizados no suporte à análise das informações para a tomada de decisões, observou-se que os hotéis de categoria luxo e superior usam em sua totalidade o banco de dados e cruzamentos de informações e comparações entre tempos e elementos, e com menos freqüência também utilizam sistemas espe-

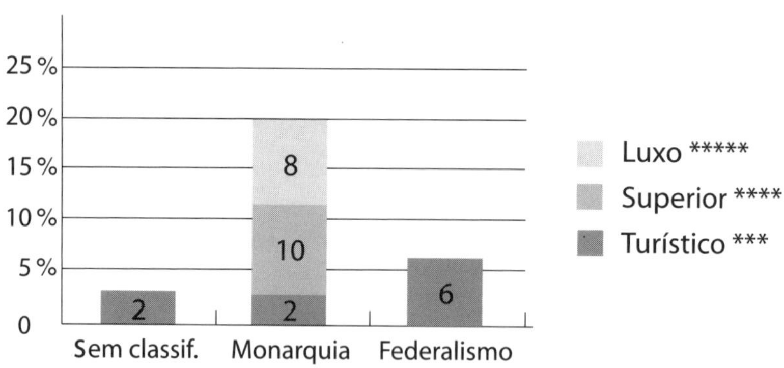

Gráfico 2 – Distribuição dos hotéis por estilo gerencial

cíficos de informações gerenciais (Gráfico 3). Os hotéis de categoria turística, por sua vez, utilizam planilhas estatísticas por área de apoio, sistemas específicos de informações gerenciais e intuição (sensibilidade, tendências, emocional, entre outros).

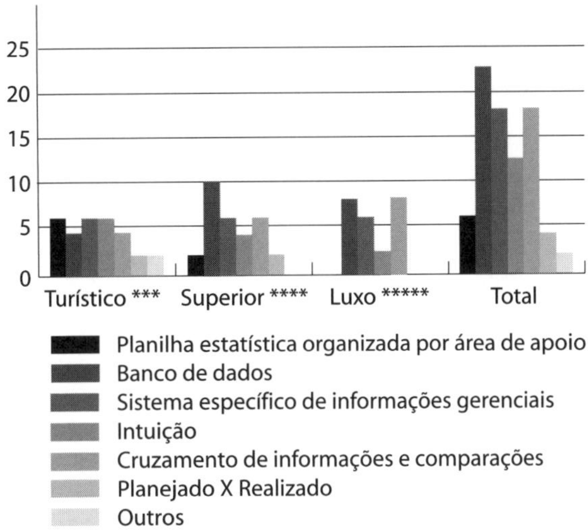

Gráfico 3 – Distribuição dos hotéis por recursos utilizados no suporte ao processo decisório

Os principais grupos de informações utilizados no processo de tomada de decisão, segundo os respondentes, estão relacionados à produtividade do hotel, como as questões de custo, de rentabilidade, financeira e econômica das organizações, apresentando-se como uma preocupação generalizada. Esse fator é percebido tanto nos hotéis de categoria turística quanto na superior, sendo apresentado como prioritário por todos os respondentes.

Ainda numa visão macro do problema podem-se observar os destaques para o planejamento organizacional e as tendências do mercado como informações muito importantes. Analisando com maior profundidade os dados, constataram-se algumas tendências. Assim as preocupações com o planejamento da empresa, o marketing e as informações dos clientes são inversamente proporcionais nas categorias dos hotéis. Enquanto as empresas de categorias superior e luxo preocupam-se com o planejamento de sua organização e o retorno das informações do setor de marketing, as empresas de categoria turística preocupam-se com os clientes. Podem-se tecer duas aproximações, a primeira, de que os hotéis maiores e de categorias superior e luxo, por sua estrutura organizacional, mantêm suas decisões ligadas a informações mais estruturadas, que podem comprometer o desempenho da empresa, pois normalmente são decisões que levam mais tempo. As empresas de categorias turísticas normalmente se preocupam diretamente com seus clientes, buscando um fluxo de informação mais rápido. Assim, podemos afirmar que os hotéis de categorias superiores tendem a ter o foco na organização, enquanto os hotéis de categoria turística tendem a ter o foco no núcleo receptor. Reforçou-se a idéia apenas de uma tendência, pois os dados são muito próximos. Ainda, uma constatação interessante é a proximidade das tendências de resposta da categoria superior com a categoria luxo, o que leva a concluir que as características desses dois tipos de organizações hoteleiras são muito semelhantes.

Quanto aos *softwares* que ajudam a organização na tomada de decisões, os mais utilizados, são o Desbravador e o CM Soluções, sendo que o primeiro é utilizado por 57% dos hotéis pesquisados e o segundo por 32%.

Com maior detalhe, analisam-se, agora, as informações externas mais importantes utilizadas no processo de tomada de decisão. Nesta questão ficou nítida a ligação hotéis/agências de viagens/operadoras. Apresenta-se, assim, uma característica peculiar das empresas hoteleiras, como uma interdependência entre essas organizações.

A segunda preocupação pertence ao grupo de informações referentes aos clientes potenciais e foi apresentada de forma muito intensa nos hotéis das três categorias. A exemplo da questão anterior, as categorias apresentam dialogismo no terceiro grupo de informações. Enquanto a categoria tende a preocupar-se mais com as informações econômico-financeiras, as categorias superior e luxo preocupam-se mais com os concorrentes. Seguindo a mesma lógica da questão anterior, os hotéis da categoria superior têm proximidade maior dos dados com os hotéis de categoria luxo. Neste item podemos perceber que os hotéis de categoria superior e luxo tendem a ter um ambiente mais competitivo, inclusive pelo público mais restrito e exigente que disputam no mercado. As empresas de categoria turística parecem mais sujeitas a mudanças econômicas e a choques financeiros, tanto por sua menor estrutura quanto pelos clientes que atendem.

Dentro das principais dificuldades/barreiras encontradas para o acesso às informações executivas nas organizações, vê-se como resposta generalizada a falta de treinamento específico quanto à gestão de informação. Além desta, nota-se que nos hotéis de categoria turística se dá muita importância para a falta de pessoal qualificado e tecnologias apropriadas, como treinamento, *softwares* etc. Por sua vez, nos hotéis de categoria luxo outra barreira encontrada, mas com menos importância, é a influência de políticas internas.

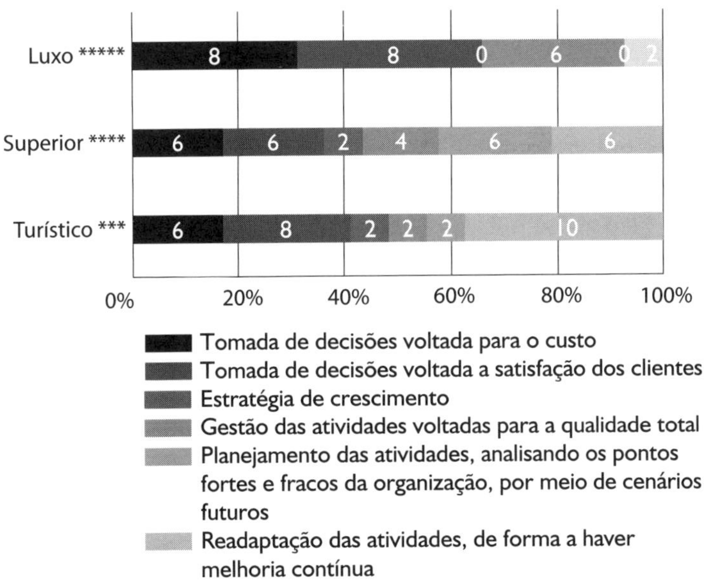

Gráfico 4 – Ferramentas gerenciais utilizadas como suporte ao processo decisório

Em relação às ferramentas gerenciais utilizadas pelas empresas como apoio no processo decisório na gestão hoteleira (Gráfico 4), 75% dos hotéis categoria de luxo citaram que usam como principal ferramenta a gestão das atividades voltadas para a qualidade total, e 100% dizem enfocar a tomada de decisão voltada para a satisfação dos clientes e para os custos, buscando assegurar aos hóspedes uma experiência satisfatória e ao mesmo tempo obter uma margem de lucro viável, que cubra os custos necessários para o bom andamento do negócio. Os hotéis de categoria superior e turístico, além dos métodos citados, também indicaram outros, como: planejar as atividades, analisando os pontos fortes e fracos da organização, por meio de cenários futuros, readaptar as atividades, de forma que ocorra melhoria contínua. O que se percebe, neste caso, é que os hotéis de categoria turística, na sua totalidade, buscam adaptar-se às atividades, visando a melhoria contínua, para que possam competir no mercado com vantagens competitivas.

Analisando as influências informais que são utilizadas com mais freqüência no processo de tomada de decisões, notamos que os hotéis tanto de categoria luxo como de categoria inferior são influenciados da mesma maneira, ou seja, pela tendência do mercado. Assim, a gerência vem observando os novos segmentos de mercados que estão surgindo em função das mudanças no estilo de vida do consumidor e dos novos aspectos demográficos. Notou-se que os hotéis de categoria turística e superior são influenciados pelas idéias de clientes ou mercado, enquanto os hotéis de categoria luxo são influenciados também por idéias de funcionários. Em um nível muito menor nos hotéis de luxo, porém com grande aceitação nos hotéis da categoria superior, as ações dos concorrentes são fatores importantes.

Na questão em que o foco é a identificação das principais informações quanto às necessidades dos clientes, as três categorias de hotéis dão mais importância para a atividade ou *hobby* do hóspede, freqüência de viagem do hóspede e oferecimento de atrativos que outros hotéis não possuem. Ainda, analisando os outros itens, notou-se que os hotéis de categoria turística e superior destacam informações como escolaridade e hábitos alimentares dos hóspedes, enquanto os hotéis de luxo não dão a isso a mesma importância.

Em relação ao instrumento utilizado pelo hotel para coletar as informações mencionadas anteriormente é utilizada por todos os hotéis pesquisados a Ficha Nacional de Registro de Hóspede (FNRP), sendo que os hotéis de categoria luxo e superior preocupam-se mais com esse quesito realizando um questionário próprio do hotel.

Quanto às expectativas relacionadas às ações a serem realizadas com base em uma gestão de informação na tomada de decisões, notamos uma aproximação entre as três categorias de hotéis. A expectativa é a redução do custo, o melhoramento na qualidade dos serviços e a satisfação do cliente. Olhando de forma generalizada, vemos também uma tendência para aumentar receitas, aumentar ou manter rentabilidade, melhorar a produtividade em geral do hotel e garantir sua sobrevivência.

Com relação às principais características que são desejadas para um sistema de informação estratégica, também se observou equilíbrio nas respostas. Nessa questão os hotéis das três categorias têm respostas muito semelhantes, tendo como características desejadas comparativos entre orçado e realizado em relação aos efeitos das informações estratégicas executadas e informações analisadas com a devida interpretação. Vê-se nessa questão um antagonismo na resposta, com a busca da informação em tempo real.

CONSIDERAÇÕES FINAIS

A informação necessária, no tempo adequado, torna-se um diferencial de vantagem competitiva e um poderoso recurso estratégico para qualquer organização. As organizações hoteleiras demonstram uma grande preocupação com a informação e sua gestão. Além de contribuir para leitura da situação interna dessa instituição, a eficiente gestão da informação pode apresentar-se como um diferencial significativo, no cenário competitivo da atualidade.

Outro aspecto relevante diz respeito à eficiente atuação no mercado, no relacionamento cliente/consumidor, privilegiando a satisfação das necessidades do consumidor e de toda a cadeia produtiva. Esses aspectos devem ser considerados pelas organizações hoteleiras que almejam sobreviver no mercado. Todavia, esse relacionamento tende a ser efetivado ao longo do processo, que requer mudança na cultura organizacional, até então acostumada a resultados imediatos.

Para tanto se faz necessária uma reeducação tecnológica dos executivos diante dos processos decisórios, bem como a constante atualização dos produtos que se propõem a atendê-lo, na busca de soluções para as organizações, voltadas para as reais necessidades de informações estratégicas.

As organizações bem-sucedidas serão aquelas que souberem escolher e utilizar tecnologias de forma apropriada para o alcance de seus objetivos. Assim, é necessário o desenvolvimento e a disponibilidade de sistemas de informações que dêem ao usuário condições de utilizar a tecnologia em prol do desenvolvimento de suas organizações.

REFERÊNCIAS BIBLIOGRÁFICAS

ABREU, A. F. de *et al.* "Gerenciamento da Informação e seu suporte tecnológico". *Alcance.* Itajaí, Universidade do Vale do Itajaí, ano iv, n. 1, jan./jun./1997.

DAVENPORT, T. H. & PRUSAK, L. A. *Ecologia da informação:* por que só a tecnologia não basta para o sucesso na era da informação. São Paulo, Futura, 1998.

DIAS, C. M. de M. *Home away from home.* Evolução, caracterização e perspectivas da hotelaria: um estudo compreensivo. São Paulo, 1990. Dissertação (Mestrado em Ciências da Comunicação). Escola de Comunicações e Artes, Universidade de São Paulo, 1990.

EMBRATUR. Regulamento e matriz de classificação dos meios de hospedagem. 23 de abril de 2002.

FOWLER Jr., F. J. *Survey research methods.* Londres, Sage, 1991, v. 1.

LAUDON, K. & LAUDON, J. *Management Information Systems-Organization and Technology.* 4. ed. EUA, Macmillan, 1996.

McGEE, J. & PRUSAK, L. Trad. *Gerenciamento estratégico da informação*: aumente a competitividade e a eficiência de sua empresa utilizando a informação como uma ferramenta estratégica. Rio de Janeiro, Campus, 1994.

MEDLIK, S. *The business of hotels*. Londres, Heinemann, 1987.

NADLER, D. A., GERSTEIN, M. S. & SHAW, *Arquitetura organizacional:* a chave para a mudança empresarial. Rio de Janeiro, Campus, 1994.

OLIVEIRA, D. de P. R. de. *Sistemas de informações gerenciais:* estratégicas, táticas operacionais. 2. ed. São Paulo, Atlas, 1993.

ROQUE, R. F. *Estudo comparativo de metodologias de desenvolvimento de sistemas de informação utilizando a técnica Delphi.* Florianópolis, 1998. Dissertação (Mestrado). Universidade Federal de Santa Catarina, 1998.

SILVA, C. de F. da. *Melhoria da qualidade em serviços:* uma aplicação em hotéis. Florianópolis, 1999. Dissertação (Mestrado em Engenharia da Produção). Universidade Federal de Santa Catarina, 1999.

RECONHECIMENTO DE RECEITAS DA INDÚSTRIA HOTELEIRA

Gleice R. Guerra

INTRODUÇÃO

O desenvolvimento da atividade econômica turística e hoteleira no Brasil tem sido acompanhado da proliferação de cursos superiores de turismo, de hotelaria, de gastronomia e outros correlatos. Esse crescimento quantitativo de vagas oferecidas no ensino superior não encontra correspondência na disponibilidade de docentes preparados para ministrar disciplinas complementares ao exercício da atividade profissional de turismo e hotelaria de forma aplicada. Ou seja, para capacitar o aluno a entender e analisar os assuntos do conteúdo programático de cada disciplina de forma interdisciplinar, é desejável que o docente também esteja habilitado a fazer esse trânsito. Especialmente nas disciplinas das áreas de exatas e de gestão, o que se vê é uma grande dificuldade dos professores em utilizar exemplos e ilustrações específicas da área de turismo e hotelaria, dificultando, portanto, o processo de aprendizagem dos estudantes: são pesquisadores que ainda não tiveram a oportunidade de refletir sobre as variáveis específicas do setor. Nesse sentido, cursos de especialização têm sido criados para docentes de diversas áreas que desejam atuar no ensino superior de turismo e hotelaria.

Por outro lado, muitos profissionais atuantes no mercado hoteleiro, no nível hierárquico de supervisão, chefia e gerência de empreendimentos de pequeno e médio portes, não conhecem contabilidade o suficiente para utilizá-la como ferramenta de análise do desempenho do estabelecimento de hospedagem que administram.

Este texto visa fornecer aos docentes uma aproximação com questões de operação e gestão hoteleira, ao mesmo tempo em que aponta para os profissionais de hotelaria a importância da utilização da contabilidade gerencial na gestão de empreendimentos de hospedagem. Avalia a importância do entendimento da produção, da venda e da prestação de serviços hoteleiros para a correta contabilização de receitas com a finalidade de tomada de decisões gerenciais. Descreve as etapas da prestação de serviço e foca as principais dificuldades com que se pode deparar ao tentar definir o produto dos serviços de hospedagem e de alimentos e bebidas (a&b) que gera receitas. Esclarece, baseado numa reflexão sobre a natureza das receitas e sobre as formas de reconhecimento aceitas pelos princípios contábeis, o motivo pelo qual o procedimento tem de dar-se após a realização da venda. Aponta, ainda, a ausência de aprofundamento sobre o tema na literatura de contabilidade hoteleira e justifica, dessa forma, esta reflexão.

CONTABILIDADE, RECONHECIMENTO DE RECEITAS E PROCESSO DECISÓRIO GERENCIAL

A indústria da hospitalidade requer um sistema de informações eficiente para o gestor por um motivo muito simples: seu produto é sazonal e perecível.

Ter um produto sazonal significa ter picos de operação. Serviços têm de ser prestados não só no local desejado, mas também no momento desejado. Isso causa ociosidade em alguns momentos do dia, da semana ou do ano (horários entre refeições, finais de semana em hotéis de negócios, meses letivos em hotéis de lazer), e alta demanda em outros momentos. Com um volume de produção fixo no médio prazo (dobrar produção significa dobrar instalações), a única forma de controlar a demanda e obter um ponto ótimo de receitas é por meio de uma adequada política tarifária. Essa adequação só pode ser feita com um sistema de informações eficiente.

As decisões estratégicas em meios de hospedagem podem ser necessárias em curtíssimo prazo, uma vez que o produto da indústria da hospitalidade não é, em geral, estocável: uma diária de hotel não vendida ou um assento não ocupado em um restaurante é uma receita perdida. Em um pequeno estabelecimento de dez unidades habitacionais, em um mês de trinta dias, há trezentos pernoites para ser vendidos. Se no primeiro dia do mês nada foi vendido, no segundo dia não há mais trezentos pernoites, e sim 290. É em função disso que alguns hotéis, em época de alta demanda e aceitando reservas não garantidas[1], trabalham com *overbooking*[2], enquanto política de vendas e para não perder a venda de um pernoite em casos de *no show*.

A análise das vendas realizadas como parâmetro para a melhoria de desempenho futuro é fundamental para o gestor. Entretanto, para analisar vendas é necessário haver, antes, um sistema de coleta, tratamento e sistematização de informações, presente em um modelo de contabilidade gerencial.

Uma das questões que a contabilidade gerencial enfrenta é a da contabilização de receitas: quando a venda deve ser reconhecida? Na reserva do pernoite, quando há apenas uma promessa de compra? No recebimento antecipado do pagamento, quando ainda o cliente pode desistir da hospedagem e solicitar reembolso ou crédito de diárias? Na utilização do serviço? Na saída do hóspede do hotel (*check out*), nos casos de pagamento direto na recepção? Ou, ainda, no pagamento posterior à hospedagem, nos casos de clientes que possuem prazos de faturamento?

---

[1] Reservas sem pagamento antecipado ou sem garantia de pagamento em caso de não comparecimento do hóspede (*no show*).

[2] Venda de pernoites além da capacidade do hotel.

A primeira questão envolvida nessas indagações é o chamado, pela teoria da contabilidade, princípio da competência. O princípio da competência contrapõe-se aos registros de caixa, que são realizados no trâmite monetário de uma transação, sugerindo que não é nesse momento que se deve reconhecê-los como receita ou despesa, mas sim quando há de fato a ocorrência do ganho ou do consumo.

A segunda questão é exatamente esta: em meios de hospedagem, quando há, de fato, o ganho? É isso o que se vai aqui discutir.

PRODUTO DA INDÚSTRIA HOTELEIRA

O processo de produção e a atividade de consumo de serviços ocorrem, em geral, concomitantemente. O barbeiro presta o serviço de cortar o cabelo no exato momento em que o cliente usufrui o serviço; o contador que emite um parecer tem sua produção realizada no momento em que o cliente tem o serviço disponível. Mais no caso do barbeiro do que no do contador, a produção e o consumo se confundem. A prestação de serviços da indústria da hospitalidade é, nesse aspecto e em geral, similar à prestação de serviços do barbeiro.

A venda do serviço do barbeiro, ainda, ocorre em geral simultaneamente à produção e ao consumo. O contador efetua a venda antes de começar a produzir, a prestar o serviço. Os serviços de hospitalidade, nesse aspecto, se assemelham mais ao serviço do contador que ao do barbeiro, de uma forma geral.

O entendimento a respeito da natureza das receitas é necessário antes de qualquer discussão sobre como medi-las ou quando reconhecê-las, ensinam Hendriksen e Van Breda (1999: 224). Ou, pelo menos, o entendimento sobre as dificuldades que podem surgir ao se propor uma definição conceitual precisa de receita e de sua natureza.

Uma receita é a conseqüência do emprego dos recursos de uma empresa e da transformação desses recursos em um *produto*. A receita é resultante dos esforços dos recursos, e está intimamente relacionada com o que foi produzido, criado, gerado por uma empresa[3] ao longo do tempo, o que a caracteriza como um fluxo – resultado de um período ou exercício.

Para refletir sobre a natureza da receita da indústria da hospitalidade, é necessário entender seu produto. Este tópico pretende demonstrar as dificuldades que podem ser encontradas ao tentar conceituar, teoricamente, a natureza, a magnitude e o momento da ocorrência das receitas da indústria hoteleira.

HOSPITALIDADE COMO PRODUTO HOTELEIRO

Definir o produto da indústria hoteleira pode ser muito difícil. Do ponto de vista do cliente, os serviços de hospedagem e de alimentação são, em última instância, serviços de *hospitalidade*.

O significado do conceito de hospitalidade provoca vários entendimentos (ou "desentendimentos") no mercado e na academia. Várias são as idéias que podem estar abrigadas sob esta expressão.

Em um aspecto amplo, a palavra hospitalidade é utilizada para designar a qualidade de alguém, de um grupo, de uma cultura ou de um estabelecimento de receber bem os visitantes. É uma forma equivalente à noção do que é "hospitaleiro". É nesse sentido que expressões como "lazer com hospitalidade", "hospitalidade portenha", "cultura e hospitalidade gaúcha" e "hospitalidade da fazenda" são utilizadas. Nessa forma corriqueira, a hospitalidade satisfaz curiosidades, necessidades, gostos e aspirações dos recém-chegados: a palavra remete à qualidade das relações humanas estabelecidas entre indivíduos ou grupos. Hospitalidade pode, portanto, ser tomada co-

[3] Hendriksen e Van Breda (1999, cap.11) preferem esse enfoque de produto para definir a receita aos enfoques alternativos, que relacionam a receita com entradas ou aumentos de ativos – e/ou diminuições de passivos –, ou que a subordinam a seu efeito sobre o patrimônio dos acionistas. O primeiro enfoque confunde o produto com seu pagamento, ou compromisso de pagamento. O segundo confunde receita com sua conseqüência ou efeito no patrimônio líquido.

mo sinônimo de "acolhida", noção subjetiva que se refere ao *approach* utilizado com visitantes, ao clima de encontro e de troca que pode ser estabelecido[4].

Ainda nessa acepção ampla, o adjetivo hospitaleiro é reservado a quem é capaz de criar tecidos humanos e psicológicos propícios ao favorecimento do bem-estar do visitante. Hospitalidade, nesse caso, refere-se a características psicossocioantropológicas que provocam determinada recepção a recém-chegados.

Em um sentido mais estrito, hospitalidade pode referir-se exclusivamente ao oferecimento de alojamento, abrigo, refúgio ou amparo. Nesse significado, hospitalidade é o suprimento de necessidades humanas básicas (providenciar alimento, bebida e local para dormir) de pessoas que não são membros regulares da família, da casa ou do estabelecimento, sendo uma troca entre anfitrião e hóspede para benefício de ambos. Quando a hospedagem não envolve relações comerciais, os anfitriões são, geralmente, recompensados com prestígio em seu grupo ou comunidade. Quando o que se estabelece é uma relação capitalista de troca, o benefício do anfitrião é o lucro[5]. É assim que hospitalidade (sentido estrito) é sinônimo de hotelaria (sentido amplo): quando remunerada.

Tanto no sentido amplo, de "acolhida", como no estrito, de hospedagem, a antiga hospitalidade foi apropriada pela sociedade capitalista pós-industrial. A hospitalidade tornou-se uma mercadoria: determinadas organizações concebem e condicionam políticas, tecnologias e comportamentos de seus funcionários para criar um ambiente "acolhedor", com procedimentos, serviços, atmosfera, equipamentos e decoração inspirados por um conceito de hospitalidade. É a essa característica econômica que a expressão indústria da hospitalidade se refere, e é isso que o cliente compra como *serviço de hospitalidade*.

[4] Conforme as definições 2 e 3 contidas no dicionário *Aurélio* (Ferreira, 2000): "Hospitalidade. [...] 2. Qualidade de hospitaleiro. 3. *P. ext.* Acolhimento afetuoso".
[5] Idem, definição 1: "Hospitalidade. *S.f.* 1. Ato de hospedar, hospedagem [...]".

O SERVIÇO DE HOSPITALIDADE

O que o cliente está pagando quando recebe uma conta por um cafezinho tomado no *lobby* bar de um hotel cinco estrelas em São Paulo, por exemplo, um valor que daria para comprar 1 kg de pó de café? O que é recurso utilizado para a produção e o que é o produto em si? O sorriso amável do garçom é um produto pelo qual o cliente está pagando ou um recurso utilizado para produzir *aquele* café?

Hendriksen e Van Breda lamentam que, na contabilização de receitas, "o enfoque do produto tende a ser ignorado, [...] porque a receita é tradicionalmente associada a uma transação, em vez de ser encarada como algo que está sendo criado com o passar do tempo e é reconhecido somente em um dado momento" (1999: 225). Talvez Hendriksen e Van Breda pudessem ter afirmado, também, que pode haver dificuldade de definir o produto de algumas atividades. A receita do cafezinho está fácil de ser mensurada monetariamente: o valor da transação. A natureza do produto café-de-hotel-cinco-estrelas é mais difícil de ser interpretada.

A dificuldade, nesse exemplo, está em separar o produto dos recursos utilizados para produzi-lo. Caberia, então, a pergunta: o que são recursos de uma empresa? Pode-se tentar: os ativos, as despesas consumidas para o fornecimento do produto. Entretanto, além de não fazer sentido definir produto e, por conseguinte, receita em função de ativos e despesas, ainda assim não se encontrariam as respostas: o sorriso do garçom é uma despesa que está sendo devidamente paga em seu holerite, e portanto um recurso e não um produto? E o que dizer do valor da bandeira com uma marca hoteleira na porta de entrada e do logotipo impresso no pires – é um ativo devidamente mensurado nos relatórios contábeis? Como separar o que é o produto em uma indústria como a da hospitalidade?

Os teóricos da hospitalidade, ainda que sem preocupações contábeis, divergem na definição do produto dessa indústria. Abbey (1989: 25) defende que o produto da indústria da hospitalidade é composto, em geral, por uma parcela tangível – bens e mercadorias de consumo – e uma parcela intangível – serviços:

Vender hospitalidade é muito distinto de vender bens de consumo, uma vez que o vendedor da indústria da hospitalidade está vendendo algo – uma experiência de hospitalidade – que tem tanto elementos tangíveis como intangíveis. O produto oferecido (acomodações para hóspedes, instalações para refeições etc.) é tangível, mas os serviços fornecidos são intangíveis.

Alguns autores, entretanto, não consideram os bens e as mercadorias de consumo necessários à prestação de serviços como tangíveis, uma vez que, ou são bens que não são transferidos (a cama do meio de hospedagem e as porcelanas do restaurante, por exemplo), ou são mercadorias imediatamente consumidas, das quais o consumidor terá delas apenas lembrança (as *amenities* do hotel ou o *paillard* de filé). Ritchie e Goeldner (1994: 306) apóiam esse raciocínio:

> O aspecto de serviço aplicado a restaurantes, serviços de alimentação e operações de hospedagem [...] também sugere a ausência de um produto tangível para consumo ou propriedade. A refeição comprada é um "produto" acompanhado de "serviços" que são necessários, prestados e utilizados para a execução completa da transação.

Por ser intangível, a compra do serviço se dá, em grande medida, por confiança a uma marca ou padrão. A qualidade de um serviço prestado pode ser muito difícil de controlar, e a experiência de marcas poderosas é levada em consideração. Além do mais, uma marca valorizada pode acrescentar um outro componente intangível e subjetivo no serviço de hospitalidade, que é a capacidade de dar *status* ou reconhecimento social à pessoa que compra o serviço.

Dessa forma, fica brevemente caracterizada a discussão teórica que pode haver em torno do produto da indústria da hospitalidade.

O VALOR DO PRODUTO DE HOSPEDAGEM E DE ALIMENTOS E BEBIDAS

Para Hendriksen e Van Breda (1999: 226), "independentemente de como seja definida", a receita deve ser medida pelo "valor de troca do produto ou serviço da empresa". Entendem por valor de troca o "valor presente de direitos monetários", ou o preço estabelecido com o cliente em uma transação à vista. Por retratar o valor da transação, a receita deve ser deduzida dos valores de devoluções, descontos e outras reduções. Dentro da mesma lógica, argumentam que os descontos por pagamento antecipado e as perdas conseqüentes de inadimplência sejam tratados de forma semelhante[6], como redutores da receita: esses eventos também formam o valor presente de direitos monetários que seriam recebidos em uma transação, além de não possuírem as características básicas de uma despesa, respeitado o princípio da materialidade.

Portanto, independentemente da natureza do produto cafezinho, do exemplo anterior, e da natureza da receita gerada, sua magnitude é inquestionável: o preço de venda à vista. Ou não? Numa situação de inflação similar à de fins da década de 1980, em que a inflação mensal chegava a bater os 50%, imagine-se que: o hóspede que está consumindo o café, no primeiro dia de sua hospedagem, ficará hospedado no hotel por quinze dias; e, após a assinatura da conta, a empresa tem um prazo de quinze dias fora o mês para o pagamento da fatura. Isso pode resultar em um café tomado no dia 17 de agosto, a assinatura da conta em 1º de setembro e o pagamento do café em 15 de outubro, quase dois meses depois. A receita do café foi reconhecida em 17 de agosto pelo valor da venda – mas qual seria, nessa data, o "valor presente dos direitos monetários a ser recebidos"? A que taxa de desconto, poderia ser perguntado?

A discussão desse assunto foge ao escopo do presente texto. O que se pretende aqui é apenas apontar que os procedimentos contábeis gerenciais utilizados correntemente por hotéis, restaurantes e similares podem ser questionados do ponto de vista teórico.

---

[6] Cabe ressaltar que, apesar do tratamento contábil equivalente sugerido, há uma distinção importante entre casos de inadimplência, quando o serviço foi prestado e houve, de fato, uma geração de receita – apesar de não ter havido sua conversão em caixa –, e a natureza do desconto por pagamento antecipado, que é uma tentativa de transformação do valor monetário futuro em valor presente.

RECEITA DA INDÚSTRIA HOTELEIRA

Os princípios contábeis orientam que a receita seja considerada realizada quando há transferência de bens ou serviços produzidos mediante pagamento ou compromisso de pagamento – coincidente, muitas vezes, com a venda dos bens ou serviços em questão.

Talvez possa ser questionada a utilização da palavra *transferência* para a prestação de serviços. O conceito de transferência de bens (o bem deve deixar a empresa) é claro. Entretanto, literalmente, o serviço não é transferido, não deixa a empresa. O serviço é prestado. E, depois, cabe a pergunta: transferência de quê? Ou de qual serviço? O serviço de reserva de uma unidade habitacional em um meio de hospedagem é um serviço, ao mesmo tempo em que é realizada uma venda. Há, também, uma transferência: a do direito de utilizar o apartamento 102 em determinado período. O meio de hospedagem perde esse direito, transferindo-o ao futuro hóspede.

Entretanto, o momento da reserva não se enquadra em todas as condições do regime de competência. Pelo Princípio de Realização da Receita e da Confrontação das Despesas (Iudícibus, 2000: 58-60), há um ganho de receita quando: há um valor de medida objetivo de mercado; os principais esforços para sua obtenção já foram feitos; e os gastos de produção são conhecidos. Os dois últimos requisitos ainda não estão satisfeitos quando uma reserva é confirmada por um hotel.

Para Hendriksen e Van Breda, uma receita precisa satisfazer as condições de (1) obtenção e (2) realização para ser reconhecida. Por (2), entende-se a "capacidade de converter recursos e direitos não-monetários em dinheiro" (1999: 227). Também para esses autores encontra-se em questão, na maioria dos casos, o momento da venda. Já a (1) obtenção da receita – ou a geração de um produto, como foi visto – é um processo contínuo, difícil de ser determinado. Nesse sentido, Hendriksen e Van Breda (1999: 227) explicam que "o custo da acumulação contínua de receitas impede o uso universal do reconhecimento contínuo na prática" e ressalvam: "o reconhecimento de receitas e despesas tende a obedecer à prática usual, e não à prática ideal" (1999: 224).

A seguir, analisa-se como o processo de geração de receitas se dá nas áreas de hospedagem e de a&b dos meios de hospedagem.

A OCORRÊNCIA DA RECEITA DE HOSPEDAGEM

O ciclo de geração de receitas de hospedagem em estabelecimentos hoteleiros pode ser dividido em cinco fases, em uma abordagem didática: o bloqueio, a garantia da reserva, a utilização dos serviços de hospedagem, a saída do estabelecimento hoteleiro e o efetivo pagamento da conta.

Entende-se por *bloqueio* a solicitação de uma reserva cujo pagamento ou responsabilidade pelo pagamento ainda não está garantida, mas que mesmo assim a confirmação de disponibilidade e a reserva de espaço (de acomodação ou, em outras palavras, de unidade habitacional – UH) para o período solicitado[7] já foram efetuadas provisoriamente. É uma fase, portanto, de pré-venda.

A *reserva* é a demonstração efetiva do interesse do cliente[8], e é quando o hotel solicita uma garantia de pagamento mesmo para os casos de não comparecimento do hóspede (*no show*)[9]: um número de cartão de crédito, um documento escrito da pessoa jurídica responsabilizando-se pela quitação da fatura de diárias, um depósito antecipado, um cheque pré-datado, ou qualquer outro meio. Nesse momento, ainda que a reserva esteja sendo feita para um período vários meses distante do dia da reserva, considera-se que uma venda foi efetuada.

---

[7] Alguns estabelecimentos de hospedagem podem ter uma política comercial que permita a reserva definitiva do espaço para o período solicitado ainda que não haja garantias de pagamento, especialmente os estabelecimentos urbanos, nos quais a permanência média do hóspede é baixa, há muita incidência de *walkins* (hóspedes sem reservas) e, portanto, os casos de *no show* (não comparecimento do hóspede que possuía reserva) podem ter sua venda substituída com relativa facilidade.

[8] O cliente de hospedagem é a pessoa, física ou jurídica, que compra a hospedagem – nem sempre é o hóspede.

[9] Essa garantia varia de hotel para hotel: muitos solicitam o valor da primeira diária reservada, enquanto outros exigem o valor correspondente a toda a estada.

No momento da reserva, também, o estabelecimento de hospedagem deve informar ao cliente as condições de seu cancelamento: se haverá restituição parcial ou total do pagamento, caso já tenha sido efetuado, ou se parte da dívida pela qual o cliente se comprometeu será suspensa, no caso de desistência da hospedagem. Em geral, o montante de restituição ou de suspensão de cobrança é variável, conforme a antecedência com que o cancelamento é solicitado.

Na data da reserva, caso não tenha havido cancelamento ou *no show*, o hóspede chegará ao hotel: é o momento em que começa a produção e o consumo dos serviços de hospedagem propriamente ditos, que se prolonga durante toda a estada do hóspede.

No momento em que o hóspede se registra no hotel (*check in*) no dia de sua chegada, é aberta uma conta corrente para ele, que fica sob a responsabilidade da recepção. A recepção[10] abre a conta, nela efetua lançamentos (consumos e deduções), controla-a (através da função de auditoria noturna), e a encerra na saída do hóspede.

O dia do *check out* é a data em que o hóspede vai deixar o estabelecimento de hospedagem e em que sua conta, pendente na recepção, será encerrada. A conta corrente do hóspede pode ser encerrada quando é efetuado um pagamento direto – *cash* ou em cartão de crédito – ou pode ser encerrada a faturar – para posterior envio da fatura à empresa responsável pelo pagamento, quando é o caso.

Os procedimentos contábeis envolvidos com a geração de receitas de hospedagem, durante todo o ciclo, são, principalmente, os demonstrados na Tabela 1.

[10] Particularmente o caixa correntista, quando o meio de hospedagem possui essa função.

Tabela 1 – Procedimentos contábeis: receita de hospedagem

<table>
<tr><th colspan="2">FASE DO CICLO</th><th>DÉBITO*</th><th>CRÉDITO*</th></tr>
<tr><td colspan="2">Pré-reserva ou bloqueio</td><td>nenhum</td><td>nenhum</td></tr>
<tr><td rowspan="2">Reserva</td><td>sem adiantamento</td><td>nenhum</td><td>nenhum</td></tr>
<tr><td>com adiantamento</td><td>disponibilidades (A)</td><td>adiantamento de clientes (P)</td></tr>
<tr><td rowspan="3">Check in</td><td>sem adiantamento</td><td>nenhum</td><td>nenhum</td></tr>
<tr><td>com adiantamento</td><td>adiantamento de clientes (P)</td><td>hóspedes na casa (A)</td></tr>
<tr><td>cancelamentos e no shows</td><td>adiantamento de clientes (P)</td><td>receita de hospedagem (no show)</td></tr>
<tr><td>Estada</td><td>consumos</td><td>hóspedes na casa (A)</td><td>receita de hospedagem (diárias)</td></tr>
<tr><td rowspan="3">Check out</td><td>pagamento cash</td><td>disponibilidades (A)</td><td rowspan="3">hóspedes na casa (A)</td></tr>
<tr><td>pagamento cartão de crédito</td><td>cartão a receber (A)</td></tr>
<tr><td>pagamento a faturar</td><td>clientes (A)</td></tr>
</table>

* (A) Ativo, (P) Passivo.

A reserva é o ponto em que ocorre a venda. Em alguns casos há, inclusive, depósitos antecipados de clientes que não serão devolvidos qualquer que seja a antecedência do cancelamento da reserva. Pode existir, portanto, uma obrigação mínima de pagamento estabelecida desde então. Entretanto, essa obrigação mínima não é reconhecida como receita, uma vez que não se pode prever qual cliente não usufruirá a hospedagem – e, usufruindo-a, não se pode prever os gastos que nela serão incorridos. Entretanto, se poderia questionar, no caso de existência de obrigação mínima, se uma estimativa estatística realizada com correção não seria admitida para o reconhecimento de receitas do percentual de clientes que historicamente não usufruem os serviços. A parcela da obrigação de pagamento que é restituída dependendo da antecedência da reserva, porém, não poderia ser reconhecida: trata-se de uma compra com possibilidade de devolução, e o princípio contábil do conservadorismo rege o seu não reconhecimento.

O *check in* de um hóspede é o momento em que se tem segurança de que algum serviço será prestado. Mas, como o hóspede pode deixar o hotel em data anterior à prevista pela reserva, não há segurança de que todo o serviço contratado será prestado. Além disso, pelo regime de competência, o esforço de produção de todas as diárias de hospedagem ainda não foi feito.

Os *check ins* previstos e não realizados, sujeitos a cobrança, são lançados em conta de receita específica[11], para possibilitar análises gerenciais: não existem gastos relacionados com essas receitas.

Durante a estada do hóspede, os consumos vão sendo reconhecidos diariamente. Os *softwares* hoteleiros importantes (especialmente o *software* da CM Soluções) possuem uma interface automática das contas de recepção com a conta contábil de hóspedes na casa e de receita (de diárias de hospedagem ou de qualquer outro serviço oferecido pelo hotel), e os lançamentos de partida dobrada são feitos simultaneamente aos lançamentos financeiros de recepção.

O *check out* caracteriza o encerramento da prestação de serviços, e do reconhecimento de receitas.

Verifica-se, dessa forma, que a receita de hospedagem é reconhecida quando há efetivamente o consumo – a utilização dos serviços pelo hóspede –, ou quando o hóspede tem o compromisso parcial ou total de pagamento mesmo sem utilizar-se dos serviços. A receita de hospedagem é um caso especial de reconhecimento de receita após a venda, pelo fato de as despesas relevantes ainda não terem sido incorridas no momento da venda (Iudícibus, 2000).

A OCORRÊNCIA DA RECEITA DE ALIMENTOS E BEBIDAS

O serviço de a&b pode ser contratado com antecedência nas seguintes situações:

[11] Conforme o Sistema Uniforme de Contabilidade para Hotéis, 2000, amplamente utilizado pela indústria da hospitalidade em todo o mundo, no Brasil inclusive.

- serviços privativos;
- serviços para grupos;
- eventos especiais;
- serviços inclusos na tarifa de hospedagem.

Nesses casos, há uma venda antecipada, de forma similar ao que ocorre com os serviços de hospedagem e, pelos mesmos motivos, um reconhecimento da receita após a venda (Guerra, 2001).

Quando não há venda antecipada, a receita de a&b não é um caso especial de reconhecimento de receitas: ocorre no momento da venda.

No próximo tópico verifica-se, na literatura de contabilidade hoteleira dedicada a alunos de graduação e pós-graduação, o tratamento que vem sendo dado às questões conceituais de reconhecimento de receitas na indústria da hospitalidade.

RECEITAS E LITERATURA DE CONTABILIDADE HOTELEIRA

O primeiro capítulo da obra de Cote (1997), editada pelo Instituto Educacional da American Hotel & Motel Association – provavelmente o mais conceituado dos Estados Unidos –, é intitulado "Contabilidade de Receitas Hoteleiras" e tem cinco linhas dedicadas a definir receita:

> Em contabilidade, há uma importante distinção entre os termos "receita" e "lucro". Receita é um processo de troca representado pela venda de mercadorias, venda de serviços, e/ou juros e dividendos. Resulta de uma transação comercial, que é a troca de bens, propriedades ou serviços por *cash* ou contas a receber (uma promessa de pagamento do consumidor) (1997: 3).

Depois desse primeiro parágrafo, encontra-se ainda:

> O valor de uma venda é líquido de quaisquer impostos ou gorjetas. O princípio da competência afirma que uma venda é reconhecida apenas depois que os serviços e/ou produtos foram entregues e aceitos. É nesse ponto – chamado de ponto da venda – que uma venda deve ser reconhecida, independentemente da forma que o consumidor pagará. Depósitos por serviços ou produtos a serem fornecidos no futuro não constituem uma venda. [...] O recebimento de um depósito resulta em um débito (aumento) da conta de disponibilidades e um crédito em outra conta (1997: 6).

Daí em diante, o capítulo se dedica a descrever, pragmaticamente, as contas do Sistema Uniforme de Contabilidade para Hotéis (Uniform System of Accounts for Hotels, 2000) e procedimentos de recepção e controladoria. Não que se julgue necessário um tratado de contabilidade em um livro dedicado a estudantes de graduação de administração hoteleira, mas não parece suficiente a explicação oferecida.

Schmidgall (1997: 15) reserva uma página para explicar o princípio da competência:

> O regime [de caixa] é utilizado apenas por operações de hospitalidade muito pequenas. O regime de competência, mais comumente utilizado, reconhece receitas quando ganhadas (independentemente de quando são recebidas) e despesas quando incorridas (independentemente do desembolso de caixa). Por exemplo, suponha que uma unidade habitacional de hotel seja vendida do período de 30 de dezembro de 19X1 a 2 de janeiro de 19X2, e o hóspede do hotel pague uma conta de $240 ($60 por noite, por quatro noites) na manhã de 3 de janeiro de 19X2. Sob o regime de competência, dois dias de receita de hospedagem são reconhecidos em dezembro e dois dias em janeiro.

Assim é, de fato, como ocorre e deve ocorrer em meios de hospedagem. O que se observa, entretanto, é que a insuficiência qualitativa e quantitativa de material didático, por um lado, e de docentes e autores, por outro, torna o entendimento da contabilidade gerencial dificultado para estudantes e profissionais. No mercado de trabalho, o que se observa é uma enorme carência de profissionais que conheçam, ao mesmo tempo e minimamente, hotelaria e contabilidade, com competência para entender o que é receita e o que é *no show*, por exemplo.

CONSIDERAÇÕES FINAIS

A expansão da oferta hoteleira e, com isso, da concorrência exige dos estabelecimentos hoteleiros não só o aperfeiçoamento dos serviços prestados como também maior cuidado na administração de recursos humanos, materiais e financeiros, a fim de otimizar os resultados operacionais.

Do ponto de vista de gestão, os empreendimentos que compõem a indústria da hospitalidade, em especial os meios de hospedagem, possuem características que tornam sua administração complexa. A capacidade de ofertar serviços é, em geral, fixa no médio prazo; a sazonalidade obriga a encontrar uma política tarifária adequada para a maximização dos rendimentos; o acompanhamento do desempenho do negócio é fundamental para detectar imediatamente desvios da performance esperada que requeiram a tomada de decisões. O processo decisório deve ser ágil, já que cada vez que se deixa de vender uma diária de hotel ou um assento no restaurante se perde receita que não pode ser recuperada.

A análise da receita é de fundamental importância para a atividade hoteleira, especialmente em função da grande oscilação das taxas de ocupação e da expressiva variação de preços praticada por hotéis de todo o mundo. A existência de uma grande gama de tarifas aplicada irregularmente em cada período torna imprescindível sua descrição e análise.

A avaliação do desempenho de um estabelecimento de hospedagem só pode ser realizada com um sistema de informações gerenciais que contemple adequadamente o reconhecimento de receitas.

Para isso, é necessário entender a natureza do produto vendido, bem como refletir conceitualmente sobre o significado de receita. Sem a pretensão de ser conclusivo, este texto espera ter colaborado para o início desse debate.

REFERÊNCIAS BIBLIOGRÁFICAS

ABBEY, J. R. *Hospitality sales and advertising*. Michigan, Educational Institute of the American Hotel & Motel Association (EI-AH & MA), 1989.

BAKER, S.; BRADLEY, P. & HUYTON, J. *Principles of hotel front office operations*. Inglaterra, Cassel, 1995.

COTE, R. *Understanding hospitality accounting II*. Michigan, Educational Institute of the American Hotel & Motel Association (EI-AH & MA), 1997.

FERREIRA, A. B. de H. *Novo Aurélio, dicionário da língua portuguesa*. São Paulo, Nova Fronteira, 2000.

GUERRA, G. R. "Preço de transferência tratamento contábil do café da manhã pela hotelaria paulistana". *Turismo em Análise*. São Paulo, ECA/USP, v. 12, n. 1, maio/2001, p. 30-54.

HENDRICKEN, E. S. & VANBREDA, M. F. *Teoria da contabilidade*. São Paulo, Atlas, 1999.

IUDÍCIBUS, S. de. *Teoria da contabilidade*. São Paulo, Atlas, 2000.

RITCHIE, J. R. & GOELDNER, C. R. *Travel, tourism and hospitality research* – a handbook for managers and researchers. Canadá, John Wiley & Sons, 1994.

SCHMIDGALL, R. S. *Hospitality industry managerial accounting*. Michigan, Educational Institute of the American Hotel & Motel Association (EI-AH & MA), 1997.

UNIFORM system of accounts for hotels. Michigan, Educational Institute of the American Hotel & Motel Association (EI-AH & MA), 2000.

INFORMAÇÃO TRABALHADA E COMPARTILHADA – FATOR CRÍTICO DE SUCESSO EM DESENVOLVIMENTO E MARKETING HOTELEIRO

Ana Paula Garcia Spolon

INTRODUÇÃO

Todos ouvem dizer que há um pote de ouro no fim do arco-íris. Muitos sonham em ir até lá. A maioria fica pensando se isso é mesmo possível. Alguns decidem ir, mas se perdem no caminho. Uns poucos pensam no quanto pode ser complicado chegar ao fim do arco-íris e começam a buscar uma forma de encontrar ouro por aqui mesmo – e atravessam a vida buscando. Uma minoria colhe informações sobre o caminho e seus perigos, e, porque sabe que o mais importante é chegar e antes dos outros, planeja cuidadosamente a caminhada, tentando não cometer erros. E consegue transformar o sonho em verdade.

Informação e coragem são os ingredientes que permitem que se chegue onde se quer, antes que o inimigo o faça, e que se tire o melhor proveito disso durante o maior tempo possível.

O sucesso está em encontrar a informação correta, entendê-la, analisá-la e distribuí-la, de forma a garantir que ela possa de fato transformar-se em uma ferramenta estratégica. Um trabalho que pede determinação e diligência.

No mundo dos negócios, costumeiramente se ouve falar da forma como as informações são administradas pelas empresas – em sistemas que atualmente vêm sendo chamados (adequadamente ou não) de Sistemas de Inteligência de Marketing (SIM).

Em todos os setores da economia e em qualquer tipo de organização, a gestão eficiente de informações pode constituir um recurso bastante eficiente para suportar os processos de tomada de decisões e ser mesmo um fator crítico do sucesso empresarial.

Também na indústria turística, um dos maiores desafios de gestão diz respeito exatamente à administração de informações – sobre o mercado, sobre os clientes, sobre a concorrência e até sobre as próprias empresas. Como em inúmeros outros setores econômicos, os processos de gestão de informação em turismo são falhos, ou inexistentes (Beni, 1998).

Um dos principais pilares da indústria turística, a hotelaria nacional desenvolveu-se de maneira notável nos últimos anos. Em termos de desenvolvimento quantitativo, o setor experimenta, em todo o país, seu maior *boom* de crescimento.

Em todos os ciclos de implantação de hotéis em território nacional, as razões para o aumento quantitativo de meios de hospedagem instalados foram as mesmas, embora tenham variado no tempo a tipologia dos meios de hospedagem e as formas de viabilização de negócios. Nas mais diferentes épocas, havia disponibilidade de linhas de crédito e de financiamento, demanda por hospedagem em estabelecimentos de várias categorias e voltados para vários públicos, e incentivo governamental ao crescimento da atividade turística e hoteleira. Mais recentemente, destaque-se o crescimento do setor de serviços, que vem adquirindo cada vez mais representatividade na estrutura econômica nacional (Embratur, 2000).

Da mesma forma, nos últimos anos, tem-se registrado uma evolução qualitativa dos meios de hospedagem nacionais. A internacionalização da economia e o surgimento de novas formas de investimento, os esforços pela estabilização da economia, bem como as políticas corporativas de expansão territorial, fizeram com que as cadeias hoteleiras internacionais acelerassem seu crescimento no país, de ponta a ponta.

Com isso, e com o aumento da oferta de mão-de-obra saída dos inúmeros cursos técnicos e superiores implantados no país, os hotéis se profissionalizaram, em um movimento gradual e irreversível que vem trazendo benefícios não só para empreendimentos e para os consumidores, como também para as comunidades onde esses estabelecimentos estão sendo implantados (por meio de programas de capacitação da mão-de-obra local, de intercâmbio cultural e social e de geração de resultados econômicos).

O crescimento do turismo e da hotelaria nacionais fez com que o processo de desenvolvimento e gestão de produtos e mercados hoteleiros também se profissionalizasse. No passado, motivações pessoais e baseadas em informações nada rigorosas, senão em impressões errôneas, podiam ser suficientes para que um novo meio de hospedagem fosse construído. A concessão de financiamentos era muito mais baseada em fatores políticos do que em critérios técnicos de verificação de viabilidade mercadológica, econômica ou financeira (*Valor Econômico*, 2002).

Com o tempo, também isso vem mudando. Surgiram equipes de pesquisadores que começaram a realizar estudos mais rigorosos, com uso de técnicas e métodos modernos de investigação de mercados e de análise de viabilidade de implantação de empreendimentos. Vieram as consultorias independentes, e as redes hoteleiras mais profissionalizadas estruturaram as equipes que cuidariam do desenvolvimento de novos negócios.

Também foi estreitado o laço entre proprietários, consultores, investidores, incorporadoras e administradoras. A pesquisa de mercado foi definitivamente aceita e adotada como uma etapa indispensável ao processo de tomada de decisão envolvendo a criação de um novo meio de hospedagem ou a reformulação de um já existente.

Durante mais de uma década, esses estudos foram conduzidos (e ainda o são) por todo o país. Seu nível de qualidade atingiu patamares elevadíssimos, exigidos pelos novos investidores (fundos de pensão, fundos de investimento, incorporadoras, iniciativa privada), pelos órgãos financiadores e pelas próprias administradoras. Hoje, pode-se dizer que existe de fato considerável esforço de constituição de uma rede de informações relavantes acerca do desempenho do mercado hoteleiro, no Brasil.

Destaque-se, entretanto, que, embora haja muitas iniciativas que reconheçam o valor da informação compartilhada, são poucas as ações práticas nesse sentido. A montagem de um sistema de inteligência do mercado hoteleiro no Brasil depende ainda da integração dos profissionais do setor no sentido de divisão de informações. Caso essa integração não exista, tudo o que se tem são informações esparsas, não relacionadas, que acabam por não colaborar com o rigor que se espera haver nos trabalhos de desenvolvimento e de marketing hoteleiros. Os resultados desse problema são normalmente sentidos apenas quando já não há tempo para que se faça a correção de rota (*Valor Econômico*, 2002).

OS PAPÉIS DAS EQUIPES DE DESENVOLVIMENTO E MARKETING HOTELEIRO

Com a recente mudança no cenário da hotelaria nacional, e à medida que novos empreendimentos foram sendo construídos, também os modelos operacionais e administrativos até então usados se modificaram. Vários meios de hospedagem e novas administradoras começaram a importar, criar, testar ou reformular métodos e processos de operação e de gestão. Nada mais lógico e necessário em um ambiente de mudanças no qual a informação e a tecnologia ditam a velocidade dos negócios, impondo às empresas que sejam flexíveis e precisas ao lidar com o novo (Naisbitt, 1998).

Essa necessidade de flexibilização atingiu fortemente uma das áreas mais importantes dos hotéis: o departamento de marketing. Na prática, histórica e notadamente, os profissionais de marketing da indústria hoteleira sempre foram muito mais profissionais de vendas.

O foco do gerente de marketing sempre esteve voltado para metas relacionadas a volume de vendas, ou, quando muito, a uma equação envolvendo volume de vendas e preço, apenas.

Somente em mercados sazonais levam-se em conta, embora superficialmente, os movimentos de ocupação do hotel em função da baixa, média e alta estações e a relação desses movimentos com a fixação do preço final de venda de produtos e serviços hoteleiros.

Em muitas localidades, ainda se vê que os hotéis continuam trabalhando de maneira bastante simplista no que se refere à tarefa de gestão de produtos e mercados – os hotéis ficam vazios na baixa, lotam na alta estação e sofrem para equilibrar suas contas durante o ano. Mudanças nas características de fluxo de turistas raramente eram (e são) consideradas.

Em contraposição à prática, as teorias clássicas de mercadologia, embora façam referência a várias formas de organização dos departamentos de marketing das empresas, defendem que a diretoria de marketing deve orientar não apenas as atividades de gestão de marketing e administração de vendas, mas também a administração de pesquisa de marketing e gestão de desenvolvimento de novos produtos (Kotler, 1994; Cobra, 2001). Tecnicamente, aliás, a tarefa começa com o trabalho de coleta, organização, análise e distribuição de informações, e apenas depois disso é que se consideram tarefas estratégicas, inclusive as relativas à política de vendas – esse modelo, cuja efetividade já foi testada em empresas de inúmeros setores, parece longe de ser seguido pela indústria turística nacional.

Pense-se, pois, na proposta conceitual: o marketing é a atividade encarregada do desenvolvimento, da reformulação e/ou da gestão de produtos e mercados, com a finalidade de garantir a entrega de valor ao cliente e de estabelecer relacionamentos duradouros, que permitam o sucesso continuado da empresa e a sua posição de liderança junto aos segmentos de mercado nos quais tem capacidade de atuar. Nesse sentido, aparece como uma ferramenta estratégica que deve ser usada por todos os funcionários da organização, o que pressupõe que a informação mercadológica deva ser integralmente distribuída por todos os níveis da empresa, bem como compreendida por todos os colaboradores.

A interpretação das informações disponíveis orienta corretamente a elaboração do instrumento conhecido como plano de marketing, que reúne conteúdos relativos à missão da empresa, à análise do ambiente (externo e interno) de marketing, à formulação de metas e de ações estratégicas, à construção de um programa de ações e aos processos de implementação e controle dessas mesmas ações.

Nesse caminho, aplicam-se conceitos específicos de mercadologia, relativos, por exemplo, ao ciclo de vida de produtos e mercados, à segmentação de mercados e à análise continuada e rigorosa da concorrência, entre outros (Kotler, 1994; Kotler & Armstrong, 1999; Lynch & Korbis, 1998).

De uma forma mais prática e direta, pode-se entender o plano de marketing como um instrumento que orienta a transformação de idéias em estratégias. Sem as informações que permitem a construção do plano de marketing, pode-se não apenas comprometer o sucesso da empresa, mas acelerar seu fracasso no mundo dos negócios, cada vez mais competitivo. A base de toda a teoria mercadológica é a informação. Se ela falta, é falha, maltrabalhada, incompreendida ou distribuída de forma inadequada, os resultados podem ser desastrosos.

Daí a importância da sintonia fina e continuada – pelo uso integrado da informação – entre as equipes de desenvolvimento e de marketing, no trabalho de criação e de gestão de produtos e mercados, também no turismo.

A indústria hoteleira nacional tem trabalhado de maneira pouco integrada os conceitos e aplicações de mercadologia, tratando marketing e desenvolvimento hoteleiros como processos dissociados. Muitos meios de hospedagem e grupos hoteleiros continuam a entender marketing como a tarefa de vender ou, no máximo, promover o empreendimento. E desenvolvimento como a tarefa de criar produtos, sem se importar com a forma como serão vendidos nos mercados. Esta postura tem sido apontada como uma das grandes falhas de organização do setor, em território nacional (*Valor Econômico*, 2002).

Na prática, no fim do estágio de criação ou renovação de um produto hoteleiro, a equipe de desenvolvimento entrega a chave ao diretor de operações ou ao gerente-geral ou ao proprietário, e a eles cabe o desafio da gestão do produto. O problema maior – traduzido normalmente pela meta de vender e gerar resultados – é dado ao gerente de marketing, que na maioria dos casos cerca-se de promotores de vendas ou executivos de contas preocupados com resultados de curto ou, no máximo, de médio prazo.

Esta situação é comprovada pela própria estrutura organizacional dos departamentos dentro das empresas hoteleiras – sejam unidades operacionais sejam escritórios corporativos. Salas separadas, equipes que não se comunicam e um conjunto de informações (senão uma simples reunião de dados organizados em pastas e armários pouco acessíveis) que está longe de ser compartilhado, ou de funcionar como um sistema de inteligência de marketing.

Uma maior interligação entre os departamentos de desenvolvimento e de marketing em empreendimentos hoteleiros (seja em estabelecimentos independentes seja em unidades vinculadas a grupos) traria resultados muito mais significativos e efetivos, não apenas em termos reais – produtividade, rentabilidade e lucratividade –, mas também em termos mais subjetivos, porém especialmente relevantes, tais como fortalecimento da marca, percepção de valor pelo cliente e estabelecimento de relacionamentos mais duradouros, por exemplo.

Essa interligação, para que seja efetiva, deve garantir antes de tudo a compreensão do processo de gestão de informações, que pressupõe não somente a coleta, a seleção e a organização de dados, mas também a análise desses dados e sua transformação em conhecimento. A distribuição dos resultados de pesquisa entre todos os envolvidos é que garante o sucesso da tarefa de gestão de informações e a construção de um sistema de inteligência de marketing que seja efetivamente uma ferramenta estratégica de gestão empresarial.

PESQUISA DE MERCADO: POR QUE TRABALHAR E COMPARTILHAR INFORMAÇÕES

Um outro fator a ser compreendido por todos diz respeito à importância da seleção das fontes de dados e dos métodos de análise, tarefas que, embora tenham apoio em conceitos teóricos que advêm de matérias como estatística, marketing e economia, apresentam variações bastante subjetivas, em função do setor com o qual se trabalha. Em turismo, as pesquisas têm sido aprimoradas e já fazem uso de métodos de estudos aplicados e baseados em fontes de dados que estão evoluindo em quantidade e em qualidade (Dencker, 1998; Cobra, 2001; Faulkner & Valerio, 1995).

O primeiro contato com o trabalho de análise de dados é normalmente uma tarefa das equipes de desenvolvimento de produtos e mercados. Essas equipes executam tarefas de vital importância que começam com o trabalho de investigação dos ambientes de marketing nos quais uma empresa pretende atuar. As etapas de investigação consideram a existência de uma escala macro e de uma escala micro, nas quais estão distribuídos os atores mercadológicos com que a empresa deve, em princípio, relacionar-se – ou por competição ou cooperação ou interdependência. Os graus dessas relações dependem das oportunidades e ameaças existentes no mercado no qual se está trabalhando, bem como das forças e fraquezas de cada um dos atores desse mercado (Kotler, 1994).

As etapas do trabalho de análise de informações de mercado normalmente consideram de início a investigação de tendências e de cenários. Não basta ver o que anda acontecendo. É preciso também antecipar movimentos que, no futuro, serão determinantes dos níveis de competitividade entre as empresas. Essa necessidade impõe que o trabalho de investigação de tendências seja continuado. Se esse estudo é feito apenas em momentos pontuais, perde-se a chance de dar à equipe de marketing a capacidade de explorar continuamente as oportunidades e ameaças de mercado, e de encantar o cliente, oferecendo-lhe um produto que vá além de suas expectativas e antecipe suas necessidades e desejos.

Outra das etapas é uma análise dos empreendimentos que constituem a oferta competitiva de uma empresa. Trata-se de um trabalho árduo de investigação de desempenho quantitativo e qualitativo – espionagem, em linguagem industrial –, trabalho que deve ser rigoroso. Essa investigação deve atender não apenas às necessidades dos projetos de criação ou de reformulação de produtos, mas também às técnicas de gestão diária de empreendimentos e de mercados, indicando inclusive sinais que imponham algum tipo de alteração nos planos. Em tempos de mudanças, nada é mais importante que a cooperação.

A pesquisa de oferta é seguida por uma pesquisa de demanda. As duas, juntas, têm como objetivo entender a dinâmica de produção, distribuição e consumo do produto hoteleiro nos mercados, tendo-se em mente que o equilíbrio da equação oferta/demanda é fundamental para o sucesso de um setor econômico. Há inúmeras propostas de métodos de pesquisa e de planejamento de oferta de produtos e serviços em função da demanda de mercado e também de outros fatores, como a capacidade de investimento das empresas, a disponibilidade de recursos e os resultados e riscos esperados (Beni, 1998).

Em turismo e hotelaria, a eficácia dos métodos utilizados (independentemente do julgamento de valor de que possam ser objeto) ainda está associada à quantidade e à qualidade das informações disponíveis e da predisposição das fontes em distribuí-las. Em conseqüência disso, os resultados dos estudos de mercado não podem ser avaliados apenas em função do nível técnico dos analistas nem da aplicabilidade dos métodos de pesquisa e das técnicas de projeção utilizadas. A informação, antes disso, continua sendo a vilã. Se ela é disponibilizada e trabalhada de forma inadequada, o equilíbrio entre oferta e demanda e, em conseqüência, os resultados, ficam comprometidos (Reid, 1989; Beni, 1998).

Exemplos de situações de equilíbrio ou desequilíbrio de oferta e demanda hoteleiras e sua relação com a melhor ou pior qualidade de informações e com o rigor dos estudos conduzidos podem ser vistos em todo o território nacional, basta que se analisem os movimentos mais recentes de desenvolvimento e de gestão mercadológica de produtos hoteleiros (Asmussen, 2002; Röcker Netto, 1997; Rossi, 1997).

A indústria hoteleira nacional tem como termômetros (como acontece com qualquer outra indústria) alguns mercados específicos, a depender do tipo de produto. No que se refere aos produtos dedicados ao turismo de lazer, por exemplo, há alguns lugares geográficos que aparecem como exemplares pioneiros do movimento de desenvolvimento de novos negócios, como no caso dos *resorts* litorâneos implantados no estado da Bahia, dos hotéis de lazer de pequeno porte instalados no litoral norte do estado de São Paulo, dos *lodges* em operação na Amazônia. No caso da hotelaria econômica, destaca-se o rápido desenvolvimento da hotelaria nas cidades de porte médio do interior dos estados, notadamente na região Sudeste do país.

Em relação a turismo de negócios e de eventos, a hotelaria da cidade de São Paulo (mas também a de algumas capitais estaduais e cidades que são consideradas pólos regionais) dita tendências e experimenta continuamente ciclos de crescimento setoriais.

O crescimento quantitativo da oferta hoteleira paulistana nos últimos anos (especialmente na última década) foi o mais significativo de toda a história da hotelaria nacional. Além de uma expansão que fez praticamente dobrar o número de unidades habitacionais na cidade, registrou-se significativa alteração do perfil operacional, administrativo e mercadológico dos empreendimentos do setor (Asmussen, 2002).

A construção dessas novas unidades, em um primeiro momento, foi incentivada pela demanda, que na década de 1980 e início da década de 1990 era grande o bastante para elevar as taxas de ocupação até patamares que beiravam o limite mercadológico, considerando-se a sazonalidade do turismo de negócios, que em São Paulo apontaria para taxas de ocupação próximas de 70%[1]. Os resultados financeiros do setor nesse período animaram os investidores, que viabilizaram, de várias formas, a construção de mais e mais hotéis.

Várias empresas internacionais que ainda não exploravam a hotelaria paulistana chegaram com novas propostas. Da mesma forma, redes nacionais e internacionais já instaladas expandiram suas unidades, ocupando todos os terrenos disponíveis em bairros sem tradição

[1] Considera-se o perfil regular do hóspede da hotelaria de São Paulo aquele que, segundo relatórios do setor, procura a cidade por motivos relacionados a negócios, bem como a eventos (congressos, seminários, feiras e exposições), normalmente realizados em dias de semana, provocando um movimento sazonal que reduz os níveis de ocupação hoteleira durante os finais de semana.

hoteleira e para onde haviam migrado os escritórios corporativos das principais empresas paulistanas (o corredor sul da cidade), ou para as proximidades dos principais centros de eventos, além de descobrir novos nichos territoriais, até em áreas aparentemente incapazes de gerar demanda hoteleira.

Investidores individuais também entraram no negócio, fazendo surgir desde meios de hospedagem mais simples até outros muito mais luxuosos, com conceitos inovadores e serviços em variados níveis. As expectativas de ganho pareciam ser cada vez maiores, e bastante promissoras, embora em inúmeros momentos muitos técnicos do setor lançassem alguma desconfiança sobre essa possibilidade (*Valor Econômico*, 2002).

O *time-line* de desenvolvimento desses empreendimentos foi visto em cadeia. Os novos meios de hospedagem passaram a ser incorporados à oferta da cidade em um tempo variável de sete meses a dois anos e meio. O movimento, que considerado genericamente parece ter-se preocupado muito mais com o resultado financeiro imediato advindo da implantação dos investimentos realizados do que com a possibilidade de rentabilidade a longo prazo e até de sobrevivência dos empreendimentos hoteleiros no futuro, fez praticamente dobrar a oferta de meios de hospedagem anteriormente existente.

A demanda por hospedagem, em contrapartida, não cresceu nem vem crescendo na mesma proporção do aumento da oferta. Junte-se a isso a retração nas viagens e nos negócios em razão das instabilidades políticas e econômicas, no Brasil e no exterior, e o que se tem é uma situação incontrolável de desequilíbrio entre oferta e demanda hoteleira (Asmussen, 2002; *Valor Econômico*, 2002).

Especialistas do setor falam em períodos de cinco a dez anos até que a situação se normalize. Até lá, não se sabe quantos empreendimentos serão fechados por incapacidade econômica de competir no mercado paulistano.

Nos últimos dois anos, inúmeros discursos têm sido feitos sobre esta situação. Profissionais de vários times – administradoras, proprietários, investidores, incorporadoras – têm apontado como irresponsável ou no mínimo pouco cuidadoso o processo de desenvolvimento de novos meios de hospedagem na cidade de São Paulo. Questionam a qualidade dos estudos realizados, a ganância dos envolvidos (culpando-se uns aos outros), a falta de uma legislação mais rigorosa que torne mais justa a competitividade entre hotéis e *flats*. Falam ainda dos organismos promotores do turismo local (que não estariam criando oportunidades de mercado capazes de gerar demanda para o setor hoteleiro), da infra-estrutura da cidade (com problemas crônicos como o trânsito e a fragilidade dos sistemas de transportes, telecomunicações e serviços públicos) e da indiferença de todos em relação à difícil situação em que se encontram os hotéis mais antigos, menores e sem recursos para investimento, que não têm condição de enfrentar as quedas generalizadas de preços e de ocupação e estão fadados, por isso, ao insucesso. Inúmeros empreendimentos vêm sendo fechados ou vendidos.

E não se sabia disso? Sim, os sinais foram dados. E foram lidos. Apenas os interesses se confundiram e perdeu-se o foco do negócio. E foco é fundamental (Ries, 1996). O equilíbrio entre a oferta e a demanda por meios de hospedagem na cidade de São Paulo (como em qualquer outro mercado) é condição primordial para o bom desempenho de cada um dos meios de hospedagem nela instalados.

Com isso todos concordam. Vários analistas de desenvolvimento escreveram artigos sobre o assunto. Muitos seminários e palestras alertaram sobre o perigo da superoferta de unidades habitacionais em um momento em que a economia começava a dar sinais de desaquecimento e se sabia que haveria instabilidade política. Isso para não falar de acontecimentos não previstos, para os quais toda empresa deve também estar preparada.

Ocorre que o movimento de expansão da infra-estrutura hoteleira já havia sido iniciado e estava em um estágio no qual não poderia mais ser interrompido. Não se interrompe a construção de um hotel na metade, quando se percebe que é possível ele não ter o sucesso esperado. Por isso talvez seja melhor considerar-se com muito mais cuidado e rigor as oportunidades de desenvolvimento de novos negócios em hotelaria.

Entretanto, mais sério do que a construção que não pode ser interrompida (os custos de reversibilidade seriam altos demais e a adaptação do prédio hoteleiro para outra função é bastante difícil, senão impossível) é o problema de como administrar o empreendimento em meio a uma crise setorial grave.

O problema sobra, por óbvio, para os administradores desses empreendimentos, que, preocupados com resultados financeiros, pressionam os profissionais de marketing para "vender, vender, vender". Esses, trabalhando sob pressão e sem muito tempo para pensar em planejamento, retomam sua antiga posição de vendedores e disputam o mercado a tapa, ignorando muitas vezes questões que, se não consideradas, podem cedo ou tarde gerar sérios problemas relacionados à imagem do produto.

Nessa luta diária por melhores resultados, todos concordam que há algum problema escondido no processo de desenvolvimento hoteleiro, que, agora se reconhece, tem reflexo direto no trabalho de gestão de produtos e mercados. O que ninguém diz diretamente é que esse problema muito provavelmente guarda estrita relação com a qualidade das informações disponíveis sobre o mercado hoteleiro – informações que devem sim ser questionadas, principalmente porque, em muitos momentos, são falhas, distorcidas, desconexas e parciais.

Eis que aqui e agora, com o aprendizado advindo da experiência do desenvolvimento hoteleiro paulistano, um desafio se apresenta à hotelaria nacional. Em um futuro não muito distante, um cenário como este pode estar sendo apresentado a outras localidades, onde o desequilíbrio entre oferta e demanda por hotéis pode vir a se repetir se as informações não forem trabalhadas corretamente. É hora de encarar esse desafio e de aprender com um erro que foi de todos. É imprescindível que a hotelaria, um dos principais subsetores do turismo, assuma que a informação é a base de todo e qualquer trabalho de planejamento, que, se bem-feito, pode garantir o sucesso de produtos e de mercados.

CONSIDERAÇÕES FINAIS

O marketing moderno, que entende o planejamento estratégico como fundamental para o sucesso de uma empresa, defende que em tempo de grandes desafios é preciso preparar-se para mudanças radicais. O novo pede coragem, criatividade, flexibilidade, precisão e inteligência (Adams, 1997). E o mundo muda cada vez mais rapidamente, sem aviso prévio. Acompanhar esse movimento contínuo de mudanças só será possível se as empresas administrarem o maior ativo da modernidade – o conhecimento obtido a partir da correta exploração da informação (Berman, 1996). Se as informações coletadas, analisadas e apresentadas pelas equipes de desenvolvimento de novos produtos e mercados forem revistas e atualizadas continuamente, bem como distribuídas a tempo e da maneira mais adequada, pode ser perfeitamente possível aos profissionais de marketing adaptarem-se às turbulências e à mudança.

É este o momento de transformar o bom e velho banco de dados em um sistema de inteligência de marketing capaz de orientar a única tarefa efetiva na busca de melhores resultados pela hotelaria: o uso da informação como arma para a conquista de um lugar ao sol. A união das equipes de desenvolvimento e de marketing em torno da interpretação da informação e da elaboração de um bom planejamento estratégico é que vai permitir que as empresas vençam. Não é momento de desespero, e sim de reflexão. Não é hora de trabalhar sozinho, mas sim de cooperar, dividir conhecimentos e unir esforços em busca do sucesso.

Um dos maiores males dos quais ainda padecem as indústrias do turismo e da hotelaria no Brasil (e mesmo no mundo) é a falta de dados estatísticos oficiais e confiáveis (Beni, 1998; Coltman, 1998; Faulkner & Valerio, 1995; Naisbitt, 1994). Isso torna ainda mais importante o trabalho de pesquisa realizado pelas equipes de desenvolvimento. E justifica mais uma vez a importância de seu envolvimento direto com os profissionais de marketing. Juntos, os dois times têm melhores condições de entender mercados, concorrentes e clientes, e estabelecer as estratégias a serem seguidas em busca do sucesso.

O recente movimento de desenvolvimento incontido da oferta hoteleira na cidade de São Paulo e, por conta disso, as dificuldades enfrentadas atualmente pelos empreendimentos hoteleiros em operação fazem pensar no cenário de crise que se impôs ao setor e na necessidade do estabelecimento de soluções para um melhor desempenho futuro no menor espaço de tempo possível. A parceria entre as equipes de desenvolvimento e marketing na gestão de informações deve ser considerada, no mínimo, como uma possibilidade bastante importante.

Se bem conduzida, a experiência de construção de um sistema de inteligência de marketing que trabalhe e compartilhe informações da maneira correta pode vir a sugerir a criação de um modelo para aplicação em outras localidades turísticas – ou no trabalho de planejamento da oferta e na gestão da demanda, ou na administração de crises, caso os processos de desenvolvimento não tenham sido conduzidos adequadamente e não seja possível interrompê-los antes os sinais do desequilíbrio sejam sentidos.

Amyr Klink, em um de seus livros, fala de uma situação de crise e dificuldade que apenas pôde ser resolvida a partir do uso da informação. Ao ser obrigado a enfrentar o desconhecido, independente de sua vontade e de sua capacidade técnica como navegador, concluiu que teria chances de vencer as ameaças e os perigos não com os braços, mas com a cabeça. O conjunto de informações disponíveis no barco – construído e compartilhado por um grupo de profissionais e amigos – e o uso que fez delas foram fundamentais para seu sucesso. Assim é para as empresas e para o mundo dos negócios. Quem dominar a informação vence e transforma o sonho em verdade. Quem souber lidar com a informação de maneira prática, inteligente, pontual e integrada, tem grandes chances de conseguir chegar ao pote de ouro no fim do arco-íris. Bem antes dos outros.

REFERÊNCIAS BIBLIOGRÁFICAS

ADAMS, J. L. *Conceptual blockbusting* – a guide to better ideas. 3. ed. Reading, Addison-Wesley Publishing Company, 1997.

ASMUSSEN. *Survey São Paulo 2002*. São Paulo, Asmussen & Associados. Disponível em: <http://www.asmussenassociados.com.br>; acesso em 26/9/2002.

BENI, M. C. *Análise estrutural do turismo*. São Paulo, Senac, 1998.

BERMAN, M. *Tudo o que é sólido desmancha no ar*. São Paulo, Companhia das Letras, 1996.

CANTERAS, D. A. S. *Guia do investidor em flats e hotéis*. São Paulo, (Mimeo.), 2000.

COBRA, M. Marketing *de turismo*. São Paulo, Cobra, 2001.

COLTMAN, M. *Tourism marketing*. Nova York, Van Nostrand Reinhold, 1989.

DENCKER, A. F. M. *Métodos e técnicas de pesquisa em turismo*. São Paulo, Futura, 1998.

EMBRATUR. *A indústria do turismo no Brasil antes e depois de Fernando Henrique Cardoso* – 1995 a 1999. Disponível em: <http://www.embratur.gov.br>; acesso em 5/1/2000.

FAULKNER, H. W. & VALERIO, P. "Towards and integrative approach to tourism demand forecasting". *Tourism Management*, Inglaterra, Butterworth-Heinemann, v. 16, n. 1, 1995, p. 29-37.

KLINK, A. *Mar sem fim:* 360° ao redor da Antártica. 2 ed. São Paulo, Companhia das Letras, 2000.

________. *Cem dias entre céu e mar*. 33 ed. Rio de Janeiro, José Olympio, 1993.

KOTLER, P. *Administração de marketing* – análise, planejamento, implementação e controle. 4 ed. São Paulo, Atlas, 1994.

________ & ARMSTRONG, G. *Princípios de marketing*. 7 ed. Rio de Janeiro, LTC, 1999.

LYNCH, D. & KORDIS, P. L. *A estratégia do golfinho:* a conquista de vitórias num mundo caótico. São Paulo, Cultrix, 1998.

NAISBITT, J. *Paradoxo global*. Rio de Janeiro, Campus, 1994.

REID, R. D. *Hospitality marketing management*. Nova York, Van Nostrand Reinhold, 1989.

COMUNICAÇÃO COMO FATOR ESTRATÉGICO DO PRODUTO TURÍSTICO

Rosana Bignami

TURISMO: FOCO DE ATENÇÃO

O turismo tem despertado a atenção de muitos, governantes, empresários, comunidades, meios de comunicação, instituições de ensino, todos passaram a propor idéias para a atividade que parece ser a solução de vários problemas. Se o turismo não é o assunto mais em moda, certamente é um dos preferidos atualmente. O número de estudos tem aumentado e conseqüentemente a quantidade de publicações. Muito tem se falado a respeito da necessidade de uma política voltada para o turismo, de se mudar a imagem do país, da formação profissional, da criação de estruturas etc. O tratamento dado ao turismo no país não carece de atenção, sem dúvida. No entanto, existem ainda obstáculos para que o turismo venha a se tornar um setor de destaque na economia brasileira, modificando segmentos sociais e trazendo efetivamente benefícios para todos.[1]

[1] Um dos problemas que mais afetam o turismo refere-se à política, ou antes, à falta de estruturas políticas descentralizadas, capazes de estimular o turismo local de forma qualificada. Uma política visivelmente forte, voltada para ações que

Embora esteja recebendo essa atenção, parece que pouco se falou sobre a comunicação voltada para o turismo e, mais especificamente, da comunicação das empresas de turismo. A comunicação empresarial é, em geral, analisada a partir do marketing, uma vez que faz parte deste. No entanto, o enfoque comunicativo de uma empresa que faça parte do Sistema de Turismo (Sistur) deve ser diferente do que ocorre na maioria das empresas que fornecem bens industrializados e serviços.[2]

COMUNICAÇÃO NO TURISMO: FATOR ESTRATÉGICO

Uma análise superficial a respeito da comunicação levaria à conclusão de que não há diferença na comunicação de um produto industrializado e de um produto turístico, sendo que essencialmente se trata de comunicar algo a respeito de bens tangíveis e intangíveis. No entanto, fundamentar a análise na separação entre tangibilidade e intangibilidade não é suficiente. Todo produto é constituído de aspectos tangíveis e intangíveis. A diferença entre um produto industrializado e um serviço está no *mix* de seus elementos constitutivos e a relação entre esses e a satisfação das necessidades do consumidor. A Figura 1 exemplifica essa diferença:

favoreçam o setor, certamente irá trazer benefícios aos mais variados segmentos da população, sobretudo àquelas comunidades carentes em recursos técnológicos e financeiros, mas ricas em recursos naturais, culturais e humanos.

A atividade turística, se bem gerenciada, pode direcionar recursos econômico-financeiros, proporcionando melhor qualidade de vida às comunidades receptoras. Visto por esse aspecto, o setor tem sido alvo de interesse público.

[2] A comunicação, para o produto turístico, consiste em um fator estratégico, fundamental para o funcionamento do seu sistema.

Figura 1 – O cliente quer comer uma pizza rapidamente

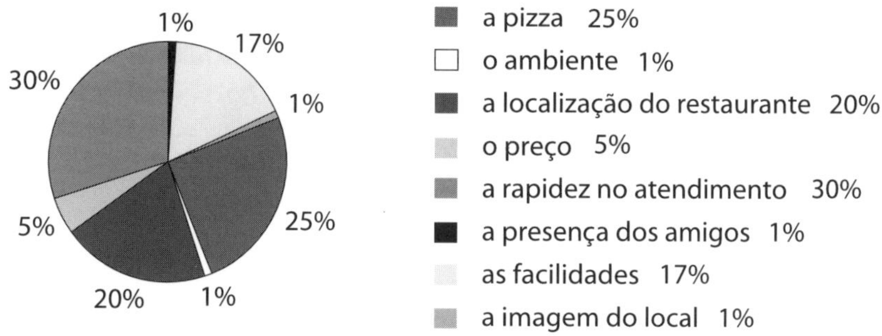

Figura 2 – O cliente quer comer pizza em restaurante com amigos

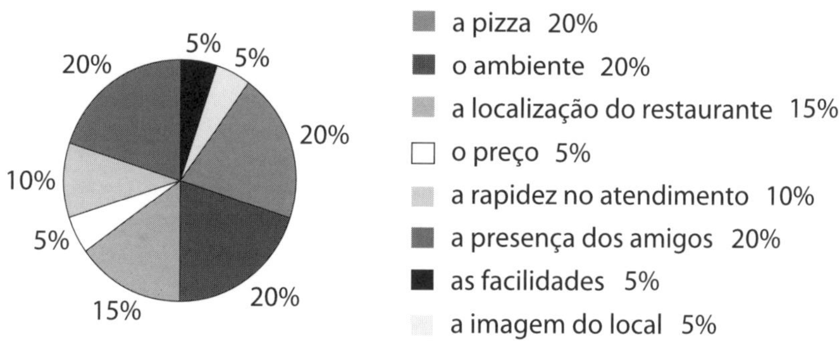

O cliente do primeiro gráfico se satisfaz ao encontrar um lugar onde comer rapidamente a pizza. Para ele não importa tanto o ambiente nem o preço nem a presença dos amigos ou a imagem do local. Já o cliente do segundo gráfico não irá se satisfazer comprando somente uma pizza. A satisfação de sua necessidade requer um *mix* diferente: ele precisa encontrar um ambiente adequado para ele e seu grupo de amigos, ser bem recebido, e é necessário também que o lugar tenha uma boa imagem.

O *mix* que compõe um produto industrializado não é igual ao de um serviço ou de um produto turístico não é igual. Ou seja, divulgar uma lata de cerveja não é o mesmo que divulgar uma estação climática. À primeira vista, existem semelhanças fáceis de identificar: no primeiro caso basta colocar a imagem da latinha e escrever uma idéia criativa que promova as qualidades do produto. No segundo caso (estação climática), idem. Onde está a diferença, então? A diferença está naquilo que chamamos de complexidade do produto turístico. No caso da estação climática, uma diferença pode ser esta: no que mostrar? A entrada da cidade? A praça principal? Uma vista aérea? Um evento? Tudo isso junto? Mesmo mostrando todas essas imagens seria impossível representar a complexidade do produto turístico numa peça de comunicação, qualquer que fosse ela. Mesmo que se conseguisse colocar tudo num imenso catálogo, como se faria para mostrar toda a localidade, todos os seus habitantes e toda a sua cultura? Alguém poderia dizer que também no caso da lata de cerveja é impossível mostrá-la em sua totalidade, mas, convenhamos que é bem mais fácil imaginá-la, tendo-se visto somente uma de suas partes (por exemplo, numa fotografia). Se em um anúncio se vê somente a praça da cidade, o que se pode imaginar do resto? Podemos imaginar consultando nosso arquivo de memória de outras localidades visitadas ou basear nossa idéia naquilo que lemos sobre o lugar. De qualquer modo, pode ocorrer que se forme uma imagem muito distante daquilo que a localidade realmente é ou oferece. Dessa forma, do ponto de vista do marketing, pode acontecer de o cliente se sentir insatisfeito, uma vez que a imagem que ele criou não corresponde à realidade local. Segundo Kotler & Armstrong (1997: 142), a fim de tentar sanar esse problema, os profissionais de comunicação tentam acrescentar tangibilidade a suas ofertas intangíveis para que os compradores baseiem suas decisões em *sinais* que eles percebam sobre o lugar, as pessoas e a comunicação.

Outra forma de analisar o turismo, do ponto de vista do marketing e da comunicação, é classificando-o como um serviço. Porém, isso também se tem mostrado insuficiente, uma vez que o setor de serviços é amplo o bastante para propiciar diferentes métodos, estratégias e resultados em termos de comunicação e marketing. O pressuposto que parece ser o mais aceito considera o turismo um setor complexo, formado pela interação de inúmeras variáveis (serviços e bens) que compõem uma engrenagem (um sistema). Isso significa que o funcionamento eficiente e eficaz do todo depende do perfeito funcionamento e interação das partes.

O Sistema de Turismo – Sistur (Beni, 1998) é um conjunto de produtos fundamentalmente constituído por serviços. O fato de ser um sistema formado por vários elementos faz do turismo uma prática complexa, na qual interagem inúmeras atividades que na sua essência são intangíveis. A sua caracterização mais significativa, porém, não está na intangibilidade, mas na complexidade de elementos e interações, dos quais depende o resultado final. Ou seja, o turismo é uma atividade complexa pois é realizada por diversos operadores: públicos (Estado, regiões, municípios), privados (empresas), profissionais (guias turísticos, intérpretes etc.) e associações em geral.

Nota-se a tendência de se explicar a complexidade do setor turístico estudando sua composição, classificando seus elementos em dois grupos principais: a) os elementos ambientais, primários ou primordiais; e b) os elementos instrumentais, secundários ou complementares.

Conforme Ansarah (2001: 24), os componentes do produto turístico se dividem em:

a) *Oferta primordial*: o patrimônio turístico. São os elementos naturais (montanhas, planícies, lagos, fauna, flora) e os elementos culturais (lugares históricos, museus, sítios arqueológicos, estilos de vida, folclore, eventos), sendo que alguns autores mencionam elementos artificiais (parques temáticos como a Disney).
b) *Oferta complementar*: são adequadas vias de comunicação, sistemas de transportes, de telecomunicação e de serviços gerais (hospitais, centros de treinamento e convenções, serviços de apoio), infra-estrutura (rede de combustíveis, energia elétrica, tratamento de água e esgoto, coleta de lixo), acrescidas de facilidades como

rede gastronômica, serviços de entretenimento, serviços de hospedagem, *shopping centers*.

A autora conclui:

> Portanto, na ótica da "procura" pelo turista, pode-se afirmar que todos os produtos de que ele necessita são real e potencialmente *produtos turísticos*, o que, em lógica pura da oferta, permite nos identificar como um único *produto turístico* (Ansarah, 2001: 25).

Certamente esse produto turístico existe somente como a autora diz, na lógica pura da oferta. Na realidade, o que existe é uma trama de relações entre empresas, indivíduos e entidades (civis, governamentais etc.). O produto turístico é, então, uma *cadeia de oferta*, na qual cada ponto interfere no resultado final e se constitui em um elemento fundamental para a satisfação das necessidades do consumidor. Nessa cadeia de oferta a comunicação é essencial. No entanto, exatamente por ser uma rede de relações, torna-se complexa toda ação de marketing e de comunicação. Não é suficiente que somente a empresa (organização privada) tome a iniciativa de realizar sua comunicação. É necessário que essa se encontre em um ambiente de comunicação favorável. É necessário também que existam discursos coerentes (comunicações coerentes) em todos os níveis do sistema. Tal afirmação pode ser assim exemplificada: imaginemos uma agência que decida promover uma viagem a uma localidade balneária. A agência decide colocar uma propaganda em um veículo de comunicação (revista, por exemplo), afirmando que a localidade é o melhor lugar para se passar o feriado com a família, pois é tranqüilo, repleto de oásis naturais. Por puro acaso (e esses acasos acontecem com mais freqüência do que se imagina), na mesma revista sai publicada uma carta de um dos moradores da região criticando a prefeitura local por não realizar adequadamente a limpeza urbana nas áreas vizinhas às praias, causando poluição no local. Sai também publicada, na mesma semana, matéria jornalística enquadrando a localidade como uma das praias a ser evitadas, pela presença de contaminação nas águas. Para piorar o quadro, uma greve no sistema de transportes leva ao fechamento temporário da rodoviária local e a principal empresa que serve a localidade comunica a seus parceiros (inclusive à agência de viagens) que não irá disponibilizar seus veículos durante o feriado. Nesse caso, todo o esforço de marketing e de comunicação feito pela agência é anulado pelas outras comunicações, que fazem parte do sistema.

Em outras palavras,

> a quantidade e a complexidade das variáveis que influenciam o desenvolvimento do turismo, seja em termos de demanda como de oferta, fazem com que se tornem insuficientes as ações isoladas de micromarketing e de macromarketing. A eficiência e a eficácia do marketing turístico dependem, em grande parte, da integração dos dois níveis, micro e macroambiente de marketing (Aiello, 1997: 15).

Fica claro, portanto, que o principal fator para o desenvolvimento do turismo está vinculado à idéia de *integração, sistema, interação, engrenagem* ou *cadeia* de elementos. Nesse contexto a comunicação se torna um dos fatores fundamentais. Ou seja, uma boa comunicação certamente irá propiciar melhores resultados no sistema como um todo. A comunicação no turismo é um fator que deve ser visto sob uma ótica que transcenda a visão empresarial tradicional, voltada fundamentalmente para o mercado. A comunicação deve ser encarada como um fator estratégico para melhorar as ações em todos os níveis da engrenagem. Deve ser, portanto, uma comunicação responsável, formadora (no sentido de criadora) e pró-ativa. Obviamente, no contexto empresarial, deve servir a seu objetivo principal, que é gerar retorno de mercado. Porém, é preciso também que as empresas comecem a considerar e utilizar uma outra função importante da comunicação, que é favorecer as interações entre os inúmeros elementos (participantes do sistema) que irão compor o produto final único. Único também na comunicação, isto é, discursos unívocos.

A EMPRESA TURÍSTICA E SEU CONTEXTO DE INTERAÇÃO

Em geral, quando se fala em comunicação ou *mix* de comunicação tende-se a situar o plano de comunicação a partir da definição do público-alvo (ou públicos-alvo). Tendo determinado o público-alvo, os passos para se realizar uma comunicação eficaz seriam bem simples e consistiriam na determinação da mensagem, na seleção das formas de comunicação, na escolha dos meios, veículos e peças de comunicação e, por fim, o controle ou *feedback*. Entre as formas mais conhecidas de comunicação estão: a publicidade, a promoção de vendas, as relações públicas, a venda pessoal, a propaganda e o *merchandising*.

Segundo Kotler & Armstrong (1997: 230),

> os comunicadores de marketing devem saber quais públicos desejam atingir e que tipo de resposta querem obter. Eles devem ser eficientes em desenvolver mensagens que levem em conta como o público-alvo responde a eles. Devem entregar tais mensagens através de uma mídia que atinja os públicos-alvo, e devem procurar obter feedback a fim de terem acesso às respostas do público-alvo à mensagem enviada.

O enfoque, por certo, é o do marketing e o ponto de partida é conhecer e identificar o público-alvo, estabelecendo uma comunicação adequada. Público-alvo define-se como sendo os "possíveis compradores ou usuários atuais, os que tomam a decisão de compra ou os que a influenciam" (Kotler & Armstrong, 1997: 230).

A comunicação da empresa de turismo, porém, deve ser vista além das ações voltadas para o mercado. Outras esferas necessitam da comunicação e, principalmente, o setor de turismo deve utilizá-la como força estratégica, que favoreça as interações necessárias ao bom andamento do sistema.

Conforme cita Neves (2000: 67), a comunicação clássica encontrada nas empresas se segmenta em três conjuntos de esforços: a comunicação de marketing, para falar com os clientes e consumidores; a comunicação institucional, para cuidar basicamente da instituição; e a comunicação interna, voltada para o público interno.

Neves atenta para o fato de esses três níveis serem realizados de forma separada, por departamentos diferentes e com objetivos diferentes. Essa segmentação causa problemas de comunicação empresarial, gerando dificuldades na consolidação da imagem empresarial ou de produto. O ideal, segundo o autor, seria o estabelecimento de uma gerência de comunicação programada, cuja função seria a de compatibilizar, harmonizar e otimizar os programas de comunicação da empresa.

No caso de uma empresa de turismo, como dissemos, a comunicação adquire maior importância ainda, pois deve facilitar o funcionamento do sistema, uma vez que sem o inter-relacionamento (por problemas na comunicação) tal sistema poderá apresentar pontos fracos e falhas no produto turístico final.

Um exemplo disso vemos no Quadro 1:

Quadro 1 – Esquema de comunicação, a partir das necessidades do consumidor

Cliente	Necessidade	Produto	Comunicação
A	Comer	Qualquer alimento	Nenhuma ou pouca
B	Comer em um restaurante	O alimento do restaurante Os pratos, talheres, toalhas etc. O preço A localização do restaurante O acesso ao restaurante O atendimento (*maître*, garçons etc.) As facilidades (horário de abertura, estacionamento, forma de pagamento etc.)	Alguns pontos de comunicação, em algumas direções principais
C	Conhecer um restaurante famoso em uma localidade turística (ex.: Paris, França) e poder comer ali, tendo como ponto de partida uma outra localidade distante (ex.: São Paulo, Brasil)	O agente de viagens (localização, acesso, atendimento, preços praticados, serviços oferecidos, facilidades, recursos humanos etc.) O meio de transporte (acesso, tipo, preço, forma de pagamento, horários de saída e de chegada etc.) O meio de hospedagem (estrutura, serviços, recursos humanos,	Muitos pontos de comunicação, em muitas direções, todas fundamentais

		localização, facilidades etc.) O lugar (atrativos turísticos, órgãos governamentais, informações turísticas, clima, história, cultura, habitantes, língua etc.) O restaurante desejado (o alimento, os pratos, o preço, a localização, acesso etc.) e outros elementos.	

Nos três casos o pressuposto básico (o fato) é que o cliente tenha fome e possa se alimentar. No primeiro caso (cliente A), a satisfação da necessidade se dá por meio de um bem industrializado (ou não, pode ser um produto natural, sem nenhum processo de industrialização). Nesse caso, não é necessária a comunicação, ou melhor, a comunicação é simples e não representa um fator vital para que se dê o contato entre o cliente e o produto que irá satisfazê-lo. O cliente, a pessoa, sente fome e procura seu alimento.

No segundo caso (cliente B), a satisfação da necessidade se estabelece por meio de alguma forma de comunicação, que influencia o cliente a decidir por um restaurante ou por outro. Pode-se dizer que é essencialmente uma comunicação vinculada ao mercado, dentro do qual se estabelece uma relação entre empresa e cliente, considerando público-alvo, fornecedores e concorrentes.

No terceiro caso (cliente C), a comunicação gerada pela(s) empresa(s) é somente um dos pontos do sistema. É necessário que a comunicação se estabeleça em todas as direções – de cada elemento (empresa, indivíduo, instituições) com o mercado e entre si, formando uma extensa malha ou rede comunicativa. Ou seja, no turismo é necessário que o esforço de comunicação seja múltiplo, conjunto e coerente em todos os níveis. Em outras palavras, é preciso que a comunicação desempenhe seu papel de facilitadora das relações entre todos os participantes do Sistur.

Nesse contexto, a empresa, por sua dinamicidade e seu contato direto com o consumidor, é aquela que terá maior facilidade de ativar a comunicação em todos os sentidos, gerando benefícios para si e para o sistema como um todo.

Um esquema representativo da malha ou sistema de comunicação, tendo como figura principal uma empresa de turismo, se vê na Figura 3:

Figura 3 – Sistema de comunicação a partir de uma empresa de turismo

Design: Roberto Bignami

Na Figura 3 podem-se observar alguns dos pontos de contato que se estabelecem no sistema de turismo, nos quais é preciso que haja algum tipo de comunicação. O exemplo está incompleto, por se tratar somente de uma ilustração, pois, na verdade, os pontos de comunicação são bem mais numerosos. Praticamente, entre todos os operadores deve existir algum tipo de comunicação. No caso representado pela figura, por exemplo, pode-se perceber que existe comunicação entre o meio de hospedagem e o restaurante, entre o meio de hospedagem e o turista e entre este último e o restaurante. Neste exemplo, qual seria uma situação de comunicação favorável? O ideal seria que a comunicação fosse unívoca, ou seja, que tanto o meio de hospedagem quanto o restaurante falassem a mesma linguagem para o turista. De que forma isso é possível? Certamente as duas empresas deveriam estabelecer objetivos de comunicação em comum, antes de mais nada. Essa definição começa na comunicação interpessoal de seus dirigentes, que devem buscar soluções. Tendo encontrado um objetivo em comum, as duas empresas iniciam um processo de parceria que pode ser formalizado por alguma comunicação escrita. As duas empresas assumem, dessa forma, que devem melhorar todos os tipos de comunicação para alcançar o objetivo proposto. O próximo passo é definir a forma de comunicação com o turista e com todos os outros parceiros (propaganda, relações públicas, vendas etc.), definir uma mensagem clara, os meios e as peças (carta, *e-mail*, fax, anúncio, relatórios, propostas, carta comercial, mala direta etc.). Quanto mais coesa for a comunicação entre os envolvidos, maior é a probabilidade de que o cliente se convença da mensagem. Assim, se o hotel divulga o restaurante e vice-versa, ambos têm mais chances de ser escolhidos pelo cliente do que se estivessem realizando apenas uma comunicação individualmente. O efeito é multiplicador se aumentadas as comunicações dos variados elementos. Em outras palavras, maiores resultados serão obtidos se, no exemplo, também se encontrasse disponível uma divulgação do hotel e/ou do restaurante em um museu, junto com alguma divulgação de um meio de transporte e assim por diante.

Por fim, todas as formas e níveis de comunicação podem e devem ser considerados e direcionados para todos os elementos componentes do sistema de turismo:

- níveis de comunicação da empresa:
  - comunicação da identidade da empresa (nome, identidade visual, programação visual);
  - comunicação de marca;
  - comunicação de produto;
  - comunicação institucional.

- público-alvo:
  - consumidores;
  - meios de comunicação;
  - fornecedores;
  - governo;
  - concorrência;
  - organizações, associações, comunidade;
  - outros parceiros.

- formas de comunicação:
  - produto;
  - comunicação escrita;
  - relações públicas;
  - vendas;
  - literatura e artes;
  - pontos-de-venda e *merchandising;*
  - meios de comunicação;
  - comunicação simbólica;
  - publicidade, propaganda;
  - promoção.

COMUNICAÇÃO EMPRESARIAL E TURISMO

Como vimos, a comunicação deve ser considerada um fator estratégico para as empresas de turismo. Uma comunicação consciente da complexidade do produto turístico pode conduzir a empresa ao sucesso. Uma das chaves para que isso aconteça está em criar uma imagem diferenciada e motivante na mente do público. A imagem é um elemento que influencia a decisão de consumo, atuando como uma qualidade real/virtual (no sentido de existência passada, presente e futura), capaz de afetar o processo de decisão de compra por um produto.

Nesse âmbito, a capacidade de uma empresa de criar uma imagem para si e/ou para seu produto é um fator que irá indicar a realização maior ou menor de seus objetivos de mercado. Em outras palavras, quanto maior for essa capacidade, maior chance terá a empresa de melhor se posicionar no mercado e conquistar clientes. A imagem, na verdade, é aquela que irá dar ao cliente uma indicação do tipo "esse produto é feito para mim, pois eu me identifico com o estilo dele". Sabe-se, aliás, que a identificação de um cliente com um produto é o primeiro passo para a aceitação e para o processo de decisão de compra. Obviamente que só a imagem não leva à compra: outros fatores irão interferir (fatores de marketing, psicológicos, sociais, políticos, conjunturais etc.). No entanto, a imagem é um dos passos para a conquista da preferência do consumidor.

A definição mais aceita para imagem é a que coincide com a idéia de "representação". Em recente trabalho destacamos que a imagem "pode ser associada a um conjunto de percepções a respeito de algo, a uma representação de um objeto ou ser, a uma projeção futura, a uma lembrança ou recordação passada" (Bignami, 2002: 12). Desse modo, a idéia de imagem se constitui em uma variável dinâmica, cujo controle depende de um processo contínuo, ou, como bem o define Giacomini (2001: 214), o controle da imagem necessita de uma "rotina mercadológica contínua e de qualidade, já que a imagem é componente importante no sucesso organizacional".

A imagem da empresa não deve ser confundida com o conceito de "imagem visual" (fotos, logotipos, marcas, identidade visual). Isso significa que é necessário compreender que todos os elementos que compõem um determinado produto, bem como os elementos que se encontram no sistema no qual o produto está inserido, irão influenciar na composição de sua imagem. A idéia aqui apresentada de elementos e de sistema se baseia nas definições fornecidas pela Análise Estrutural do Turismo (Beni: 1998), ou seja, elementos são considerados "partes componentes do sistema" e sistema é considerado "conjunto de partes que interagem de modo a atingir um determinado fim".

CONSIDERAÇÕES FINAIS

Como combinar os diversos elementos e transformá-los em imagem de uma empresa é que é a questão. Além disso, como utilizar a comunicação empresarial de forma que essa se torne eficiente também para o sistema no qual ela está inserida? É possível pensar numa comunicação empresarial que beneficie também os elementos externos (entorno, mercado) e, desse modo, venha a favorecer a empresa?

Se pensarmos que a comunicação é capaz de gerar imagens, selecionar, estruturar, criar e oferecer um produto turístico moldado para determinadas finalidades de mercado, podemos inferir que mais responsável ela será, maiores serão as chances de proteção e sustentabilidade do núcleo receptivo. Yolanda Flores e Silva (*Apud* Banducci & Barretto, 2001: 176) destaca esse fato da seguinte maneira:

> os agentes de turismo vêm comercializando uma série de ofertas sem que haja uma preocupação com o ambiente e a população local. Ruschmann [...] aponta para as principais atitudes desses agentes que vêm ao encontro do que estamos dizendo: excesso de participantes nas viagens a ecossistemas importantes; despreocupação com a harmonia entre a arquitetura de hotéis e a paisagem natural [...]. Além da distorção cultural originada pelas imagens criadas pelo marketing turístico, observamos que, em muitas comunidades, a população é praticamente isolada em seu próprio ambiente [...].

A autora complementa que o que se vê é uma padronização de idéias e procedimentos. Para que se dê essa padronização todas as formas de comunicação contribuem: comunicação interpessoal (uma pessoa conta para outra a sua viagem), artes e literatura (quadros, pinturas, representações artísticas que envolvem imagens e descrições de lugares), as mais variadas formas de comunicação "autorizada" (ensino/educação, política, igreja, associações, entidades, líderes etc.).

Nem sempre se pode afirmar que a imagem de um lugar passa a ser o resultado da comunicação dirigida. Em outras palavras, não só o marketing e a promoção influenciam na imagem, mas também variáveis de difícil controle, como o comentário de turistas que visitaram o lugar, criações artísticas e invenções fictícias associadas ao lugar, informações erradas divulgadas, enfim, um arsenal de *inputs* que irão compor a imagem final.

No estabelecimento dessa imagem, há que se contabilizar o esforço de comunicação das empresas vinculadas ao lugar, em geral, por meio de catálogos ou folheteria específica. Essas peças de comunicação publicitária ou promocional são elementos importantes na criação da imagem do lugar e podem ser usadas como instrumento agregador de valor para a localidade e para a empresa. Numa espécie de parceria proativa, caberia, em outras palavras, à empresa, o papel de colaborador na criação da imagem, e não só de "aproveitador" da mesma.

Ao contrário do que ocorre na comunicação de produtos de consumo como carros, roupas ou alimentos, a comunicação elaborada por uma empresa que comercializa turismo não deve, nem pode, se preocupar somente com os aspectos puramente comerciais de sua comunicação. Ela deve também estar consciente de que sua informação irá criar, por assim dizer, uma imagem transformadora do patrimônio turístico e, portanto, trata-se de uma comunicação aberta. Aberta aqui tem o sentido de que não encerra em si benefícios (ou malefícios) somente diretos para a empresa. A comunicação no sistema turístico é também responsável por transformar os outros elementos participantes do mesmo (principalmente a localidade a ser visitada) e influenciar as decisões de compra do produto turístico final. Disso decorre a necessidade de se definir mensagens unívocas, elaboradas em comum por meio de parcerias; mensagens que sejam claras e criadoras de uma realidade de mercado geradora de benefícios para todos.

REFERÊNCIAS BIBLIOGRÁFICAS

AIELLO, G. *Marketing turistico alberghiero.* Strategie e tattiche. Milão, Hoepli, 1997.

ANSARAH, M. G. R. & TRIGO, L. L. (org.). *Turismo:* como aprender, como ensinar. São Paulo, Senac, v. 2, 2001.

BANDUCCI Jr., A. & BARRETTO, M. (orgs.). *Turismo e identidade local.* Campinas, Papirus, 2001.

BENI, M.C. *Análise estrutural do turismo.* São Paulo, Senac, 1998.

BIGNAMI, R. *A imagem do Brasil no turismo.* Construção, desafios e vantagem competitiva. São Paulo, Aleph, 2002.

GIACOMINI FILHO, G. "Marketing: conteúdo, didática e perspectivas". *In*: ANSARAH, M. G. R. & TRIGO, L. L. (org.). *Turismo:* como aprender, como ensinar. São Paulo, Senac, v. 1, 2001, p. 203-28.

KOTLER, P. & ARMSTRONG, G. *Introdução ao marketing.* Rio de Janeiro, LTC, 1997.

NEVES, R. de C. *Comunicação empresarial integrada.* Rio de Janeiro, Mauad, 2000.

O PAPEL DAS PUBLICAÇÕES ESPECIALIZADAS NA DIVULGAÇÃO DA IMAGEM TURÍSTICA

Karina Toledo Solha

INTRODUÇÃO

O homem idealiza imagens de locais e de objetos de acordo com a própria experiência e conhecimento. Disso resultam diferentes imagens de um mesmo objeto pois este, além das características mensuráveis, como tamanho, forma e volume, está também impregnado de valores que, por sua vez, se modificam de indivíduo para indivíduo.

A publicidade tem se aproveitado amplamente dessas características da imagem, utilizando-a de forma que o homem contemporâneo perceba nos produtos a tradução de seus valores, estejam eles relacionados ao dinheiro, à fama, ao *status*, à qualidade ou à competência. Não importa muito o que se deseja vender. Idéias, produtos ou serviços podem ser associados a imagens, como o carro de luxo para homens charmosos, o sorvete para jovens surfistas louros e bronzeados, ou mesmo os destinos paradisíacos para turistas ávidos por descanso e entretenimento.

O turismo também tem utilizado a imagem como um importante instrumento de marketing. Para tanto, empregam-se os mais diversos canais de comunicação, procurando atingir os indivíduos por meio de todos os sentidos, principalmente o auditivo e o visual. Para divulgar imagens turísticas, alguns meios de comunicação mostram-se mais apropriados que outros, destacando-se aqueles que conseguem instigar a fantasia com estímulos visuais, como a mídia eletrônica e a escrita. Entretanto, nota-se que as destinações e as empresas turísticas demonstram uma certa preferência pela mídia escrita, o que provavelmente está relacionado com seu menor custo e, também com a possibilidade de direcionar a divulgação para públicos específicos.

Isto tem se refletido na diversidade de publicações dirigidas ao turista, que atualmente, podem ser encontradas nas principais bancas de jornais e livrarias das grandes cidades. Este fato é recente e está associado à importância e ao incremento da atividade turística no país, incentivando, de certa forma, a realização de pesquisas que abordem com mais ênfase a imagem turística.

Inúmeras indagações despertaram o interesse pelas relações dos veículos de comunicação com o turismo: como influem no processo de escolha de destinações turísticas? Suas mensagens são previamente orientadas, com intuito puramente comercial? Como contribuem para formar a imagem de uma destinação? As reportagens com belas paisagens e um texto estimulante são suficientes para aumentar o fluxo turístico de uma localidade? Qual a sua eficiência na divulgação dos locais? Eles podem ser utilizados conscientemente?

Nem todas as respostas podem ser encontradas em um único trabalho. Por isso, esta pesquisa se restringiu à análise da atuação dos veículos de comunicação escrita dirigidos ao turista para divulgar imagens turísticas. Inicialmente buscou-se compreender as relações da imagem turística como instrumento de marketing. Para isso, foram pesquisadas as diferentes abordagens na literatura específica de turismo, procurando identificar, processos de formação da imagem e de escolha de destinações turísticas e as fontes de informações mais utilizadas. Em seguida analisou-se os principais canais de comunicação utilizados pelo turismo e, a importância das publicações especializadas. E por fim, procurou-se compreender como os veículos de comunicação escrita dirigidos ao turista selecionam e definem as matérias e as localidades que serão abordadas, a fim de identificar as possibilidades de atuação das empresas e das localidades turísticas junto a essas publicações.

A IMAGEM TURÍSTICA E O PROCESSO DE ESCOLHA DA DESTINAÇÃO

Em um mercado caracterizado pela acirrada competitividade, é necessário que uma destinação turística, além de se preocupar com a qualidade de seus atrativos e serviços, invista em ações de marketing para se destacar entre seus concorrentes. Contudo, para que se obtenha um bom resultado nas ações de promoção e de divulgação, é preciso conhecer profundamente o comportamento do turista em relação a escolha de seu destino de férias.

Analisando alguns modelos do processo de escolha de destinação, Seocho Um (1993) percebeu que a maioria deles se detinha na exploração do relacionamento entre a imagem do local e a decisão final do turista, salientando a imagem como um elemento crítico no processo de escolha. Isso indica que a imagem turística pode ser uma eficiente ferramenta para a divulgação e a promoção de localidades turísticas. Todavia, para que isso ocorra, deve-se, além de compreender seu papel no processo de escolha, identificar quando e como essa interferência ocorre.

O aprofundamento dos estudos sobre modelos de processos de escolha de destinação pode contribuir para a compreensão desse aspecto do comportamento do turista e, conseqüentemente, oferecer subsídios para o aprimoramento de estratégias de promoção e de divulgação turística. Isso, porém, exigiria uma atenção e um esforço que não cabem neste trabalho, mas apontam para uma pesquisa que poderá ser realizada posteriormente.

Dessa forma, em vez de realizar análises exaustivas sobre vários modelos de processo de escolha de destinação, optou-se pelo estudo de três modelos que foram selecionados por tratarem da questão da imagem turística como parte do processo. Com a análise dos modelos elaborados por Wahab, Crompton & Rothfield (1976), Seocho Um (1993) e Kotler (1994), buscou-se verificar a existência de padrões que pudessem indicar as principais fases e características de um processo de escolha da destinação.

O modelo desenvolvido por Wahab, Crompton & Rothfield (1976) caracteriza-se pela forte ênfase comercial, considera a localidade como um produto turístico e identifica as ações tomadas pelos compradores e vendedores nas várias etapas do processo, conforme ilustrado na Figura 1.

COMPRADOR		VENDEDOR
Desejos e necessidades Mensagem do produto Cria a ilusão	ESTÍMULO INICIAL ↓	Política nacional de turismo Política de empreendimento
Hipótese sobre satisfação alternativa	ESTRUTURA CONCEITUAL ↓	Resultado das hipóteses Prioridades
Fatores rejeitados Elementos do custo Elementos de satisfação/insatisfação	REUNIÃO DE INFORMAÇÕES ↓	Perfil do cliente Pontos fortes e fracos
Testa validade da evidência Informações de ponto-de-venda Faz deduções dos fatos	DEFINIÇÃO DE HIPÓTESES ↓	Checando fatos e dados de pesquisa de mercado
Possíveis aquisições	DESENHO DE ALTERNATIVAS ↓	Possíveis políticas de produto Possíveis políticas de marketing
	PREVISÃO DE CONSEQÜÊNCIAS ↓	Impactos sociais, ecológicos, financeiros e da imagem
Tangíveis e intangíveis	ANÁLISE DE CUSTO/BENEFÍCIO CLASSIFICANDO ALTERNATIVAS ↓	Investimento Marketing
	DECISÃO ↓	Planos de investimento Planos de marketing Mix de marketing Implementação Controles
Real satisfação ou insatisfação	RESULTADOS	Mensuração de resultados

Figura 1 – A decisão de compra do turista conforme Wahab, Crompton & Rothfield (1976: 75)

Neste modelo, o processo de escolha é analisado considerando-se tanto as atitudes esperadas dos compradores como as dos vendedores, podendo-se, assim, observar que as ações realizadas por um ou por outro incidem de alguma forma na etapa seguinte. Nota-se que esse modelo apresenta um certo dinamismo, permitindo visualizar a situação em cada etapa e realizar os ajustes necessários.

A mesma ênfase pode ser verificada no modelo de processo de escolha desenvolvido por Kotler (1994), embora ele o divida em apenas cinco etapas:

1. **Identificação do problema:** enquanto o comprador percebe apenas uma necessidade, o vendedor da localidade, além de percebê-la, vê também uma oportunidade de negócio. Todavia, para que o negócio se concretize, será necessário que o vendedor saiba identificar as pessoas envolvidas na decisão, os critérios e os padrões de escolha.
2. **Busca de informação:** o tipo e as características dessa busca dependem, principalmente, das informações que o comprador já possui, da facilidade de obtenção de novos dados e do valor atribuído às informações adicionais.
3. **Avaliação de alternativas:** caracteriza-se pela realização de julgamentos conscientes, racionais e emocionais a respeito do produto. Primeiramente, o comprador vê o lugar como um conjunto de atributos, decidindo quais os mais significativos e os mais importantes. Em seguida, cria uma imagem do local, estabelece uma função utilitária para uma série de atributos e, por último, toma atitudes.
4. **Decisão de compra:** basicamente, é influenciada por três variáveis: a atitude dos outros diante do produto, a ocorrência de fatores não previstos e o risco percebido. Este último é muito comum quando se trata da atividade turística, pois não se pode ter certeza do resultado da compra, uma vez ela está diretamente ligada às expectativas e às imagens que o consumidor tem da localidade. Uma das maneiras de lidar com essa

sensação de insegurança, comum nos consumidores de turismo, é oferecer informações e apoio para diminuí-la.

5. **Conduta pós-compra:** o trabalho do vendedor não se encerra quando o produto é comprado. É necessário verificar a satisfação/insatisfação do consumidor, identificando os motivos que as causaram, pois tal sensação determinará se, numa próxima vez, o consumidor escolherá o mesmo local (Kotler,1994: 50).

Por terem como principal enfoque o caráter comercial, Wahab, Crompton & Rothfield (1976) e Kotler (1994), ao elaborarem seus modelos, preocuparam-se principalmente em sugerir os estímulos mais adequados ou as respostas mais prováveis para cada tipo de comportamento do consumidor ao escolher a localidade.

Ao contrário desses autores, Seocho Um (1993), ao analisar o processo, preocupou-se mais em compreender o comportamento do turista como resposta às suas percepções da localidade. Assim, considerou a existência de cinco fases integradas entre si, porém dispostas em três divisões principais de percepção:

1. constituída pelas percepções externas, definidas como a soma das interações sociais e das comunicações de marketing às quais um potencial viajante está exposto;
2. formada pelas percepções internas, derivadas de um padrão sociopsicológico do viajante potencial, tais como: características pessoais, motivações, valores e atitudes;
3. consiste na integração das percepções externas e internas, resultando na construção de um conhecimento sobre a destinação, permitindo que o turista possa avaliar se esta responde aos seus desejos e necessidades (Um, 1993: 815).

Essa abordagem indica uma necessidade de realização de estudos que busquem compreender com mais profundidade as relações entre as percepções externas e as internas, bem como o comportamento do turista.

Embora os enfoques dos modelos analisados sejam diferentes, percebe-se algumas similaridades entre eles, principalmente em relação às principais fases do processo. Destacam-se, assim, aquelas em que o turista:

- identifica suas necessidades e desejos;
- busca informações sobre as possibilidades e as opções de produtos e serviços;
- reúne informações de modo a possibilitar várias opções de escolha;
- julga as informações para decidir a compra;
- avalia o quanto o produto/serviço atendeu às suas expectativas;
- toma atitudes de rejeição ou de nova compra.

Como pôde ser observado, no processo de escolha da localidade a imagem propriamente dita só é efetivamente analisada e julgada no momento em que o consumidor realiza uma avaliação das várias alternativas disponíveis. Para isso, ele necessita dispor de informações que possibilitem a realização de uma escolha adequada às suas necessidades, às suas expectativas e aos seus interesses.

Revela-se então, como um dos principais momentos do processo, aquele que antecede a avaliação de alternativas, ou seja, a busca de informações. Essa etapa foi estudada com maior profundidade por Snepenger & Snepenger (1993), que a dividiu em três tipos principais:

- **rotineira:** aquela utilizada para viagens repetidas, para visitas à família e parentes, ou para um mesmo destino;
- **limitada:** aquela utilizada para decidir viagens para novas atrações ou rotas alternativas, caracterizando-se por uma busca superficial;
- **extensiva:** aquela utilizada para decidir férias com alto risco financeiro, social ou psicológico, caracterizando-se por um elaborado processo de aquisição de informações (Snepenger & Snepenger, 1993).

Além de considerar as características da viagem, a busca de informação depende, também, de outras importantes variáveis como a distância, os custos, o nível educacional e cultural do turista, a faixa etária, o estilo de decisão da família e a experiência de viagens anteriores.

Isso aponta para o uso de várias fontes de informação, sendo que a combinação delas se dará de acordo com as variáveis consideradas. Como principais fontes de informação para o turista, Snepenger & Snepenger (1993) destacam:

- **família e amigos:** composta por informações de experiências familiares sobre viagens;
- **visitas anteriores:** representada pela repetição no uso da mesma destinação;
- **literatura específica da destinação:** representada pelo uso de mapas, brochuras, guias de viagem, entre outros informativos turísticos;
- **mídia:** responsável pela veiculação de informações e de propagandas;
- **consultores de viagens:** representados pelos agentes de turismo e operadoras turísticas.

Nota-se que a informação desempenha relevante papel, tanto na formação da imagem turística quanto na escolha da destinação; entretanto, deve-se ressaltar que os tipos e as características das informações diferem em cada um dos processos.

É preciso, portanto, preocupar-se com o aprimoramento no uso dos canais de comunicação, como forma de promover e divulgar localidades turísticas. Essa necessidade é salientada por Gunn (1988), ao ressaltar a importância da comunicação no planejamento turístico.

CANAIS DE COMUNICAÇÃO EM TURISMO

O uso adequado dos canais de comunicação pode contribuir para criar, modificar ou mesmo solidificar a imagem de uma destinação turística. Todavia, o planejamento de ações de comunicação requer, além de um amplo conhecimento sobre os tipos e as características dos inúmeros instrumentos e veículos disponíveis, sensibilidade para selecionar aqueles que se adaptam melhor às singularidades do produto turístico.

Para facilitar o reconhecimento e a seleção dos canais, as ações de comunicação em turismo podem ser divididas segundo seus objetivos. Dessa forma, há ações que visam à:

- **promoção:** englobando todas as formas de propaganda, publicidade, relações públicas e incentivos especiais, entre outros;
- **informação:** englobando um amplo espectro de descrições sobre lugares e modos de viagem (Gunn, 1988).

Embora os objetivos de cada tipo sejam diferentes, os instrumentos e os veículos de comunicação utilizados podem ser os mesmos, desde que sejam observadas as devidas adequações ao conteúdo e ao formato.

Em sua obra sobre marketing turístico, Machín (1993) descreve e analisa detalhadamente vários instrumentos de comunicação utilizados pelo turismo, como:

- identidade corporativa;
- marca;
- publicidade;
- publicidade no ponto-de-venda;
- publicações;
- relações públicas;
- feiras turísticas;
- *workshops*;
- viagens de familiarização.

A existência dessa variedade de instrumentos de comunicação não é suficiente para garantir bons resultados, pois sua utilização deve fazer parte de um planejamento que vise à utilização integrada e orientada dos mesmos, evitando gastos desnecessários e ineficiência na comunicação.

Embora o uso de qualquer um desses instrumentos possa contribuir para a formação da imagem turística, este artigo deteve-se no estudo das publicações turísticas.[1] Entretanto, antes de utilizarem as publicações como instrumentos de comunicação, convém considerar alguns critérios:

- avaliar sua capacidade de atrair um público já asfixiado pelo excesso de informação;
- adequar a mensagem ao meio;
- distribuir o material no momento e no local adequados;
- estar em sinergia com outras ações de comunicação (Machín, 1993: 193).

Utilizar publicações para promover localidades turísticas e informar sobre elas não é tarefa simples, pois exige um planejamento criterioso e detalhado para que sejam obtidos resultados satisfatórios.

As publicações mais utilizadas em turismo atendem às mais diferentes necessidades de informação, auxiliando o agente na venda de viagens, o turista antes e durante a viagem e, o jornalista na confecção de uma reportagem. Entre as mais usuais estão:

- **catálogos gerais de destino-empresa:** consistem em uma apresentação geral de atrativos e produtos;
- **catálogos de produto:** apresentam a oferta detalhada de um produto específico, podendo incluir também dados sobre empresas, ofertas e preços;

[1] A descrição detalhada de cada um desses instrumentos pode ser encontrada nas obras de Machín (1993) e Oñate (1994).

- **encartes:** apresentam informações práticas e pontuais sobre transportes ou excursões, como pequenos guias para visitas;
- **mapas e planos:** incluem pontos de interesse, rotas e informações práticas para os visitantes;
- **guias turísticos:** contêm todo tipo de informação necessária para a preparação de uma viagem;
- **publicações para profissionais:** oferecem informações abundantes, precisas e detalhadas referentes a recursos, serviços, equipamentos, produtos e ofertas;
- **dossiê de imprensa:** contém informações gerais sobre a localidade, assim como os aspectos que interessam ser destacados e promovidos como locais e atividades;
- **folhetos turísticos:** oferecem informações sobre aspectos gerais ou específicos de uma localidade ou serviço turístico (Machín, 1993: 197).

Apesar da grande diversidade de publicações existentes, utilizadas pelo turismo, algumas recomendações de Machín (1993: 193) são válidas para todas:

- transmitir, através do título, a mensagem mais importante;
- destacar o que é único e diferenciado;
- oferecer informação bem organizada e de fácil leitura;
- utilizar mapas;
- trabalhar com profissionais;
- aceitar que qualidade significa preço mais alto;
- investir em fotografia;
- testar a publicação;
- pensar na distribuição.

Algumas das recomendações são simples e até mesmo óbvias; entretanto, mesmo em uma análise superficial desse tipo de material turístico, é possível verificar que na confecção das publicações não são tomados os cuidados necessários, ou pela pequena importância atribuída a esses aspectos, ou por desconhecimento das recomendações.

É preciso considerar, também, a relação entre a fase de compra, o tipo de informação necessária e as publicações mais adequadas. Estudando essa questão, Machín apresenta essas relações de modo funcional no quadro abaixo.

Quadro 1 – Fases de compra e as publicações habituais

Fases de compra	Tipo de informação	Publicações
Informativa: interesse	• conhecer a identidade, quem somos, onde estamos, a que nos dedicamos (nível global).	• catálogos e encartes de destino-empresa; • dossiê de imprensa.
Afetiva: desejo	• benefícios que oferecemos como resposta às necessidades do cliente; • tom e estilo adequado às expectativas de cada segmento; • informação geral referente a serviços.	• catálogos e encartes do produto; • dossiê de imprensa.
Ação: contato com o canal de compra	• ofertas específicas; • detalhes referentes a alojamento e transporte; • informação prática; • preços, descontos, ofertas, formas de pagamento.	• catálogos de agências de viagem; • catálogos de produtos e ofertas específicas; • manual de vendas; • dossiê de imprensa.
Consumo: no destino	• o que fazer: atividades, rotas e lugares para visitar, horários etc.; • como chegar aos lugares de interesse e como identificá-los. Onde solucionar problemas com automóvel, dinheiro, doenças etc.; • serviços turísticos em geral.	• pequenos folhetos específicos: atividades, hotéis, transportes etc.; • planos de núcleos urbanos; • rotas interpretativas; • mapas e guias; • folhetos de serviços de assistência ao turista.

Fonte: Machín, 1993: 193.

Nas fases informativa, afetiva e de ação, destacam-se as publicações de caráter comercial e promocional, como catálogos e dossiê de imprensa e, na última fase, ou seja, a do consumo, são mais valorizadas as publicações de caráter informativo.

Ao indicar o dossiê de imprensa nas três primeiras fases de compra, a autora acaba por salientar a importância dos veículos de comunicação escrita para divulgar e promover localidades turísticas. Ao mesmo tempo, destaca-se o pouco conhecimento que as empresas e o próprio poder público têm sobre o funcionamento e as necessidades de informações das publicações especializadas dirigidas aos turistas. Isso, por vezes, dificulta o contato e a própria inserção de matérias sobre a localidade.

OS VEÍCULOS DE COMUNICAÇÃO ESCRITA E A DIVULGAÇÃO DE LOCALIDADES TURÍSTICAS

Elaborar um plano de divulgação, utilizando a imagem turística como ferramenta, significa preocupar-se com a qualidade e o volume das informações sobre a localidade e, também com o uso dos veículos de comunicação escrita, importante canal de comunicação.

Para identificar as estratégias mais adequadas para a utilização destas publicações como canal de comunicação com os turistas, foram entrevistados os editores de alguns periódicos nacionais de turismo, buscando coletar dados significativos para a compreensão dos procedimentos comumente utilizados na escolha de destinações turísticas como temas de reportagens. Para tanto, foram contatados os editores das principais publicações da área, todavia foram efetivamente entrevistados os editores do caderno "Viagem", do jornal *O Estado de S. Paulo*, do suplemento "Turismo", da *Folha de S. Paulo* e das revistas *Travel News* e *Business Travel*.

Para esses veículos de comunicação o processo de escolha de uma localidade inicia-se no momento da elaboração da pauta anual da revista ou do suplemento de jornal, quando são traçados, em linhas gerais, os principais temas que serão abordados durante o período. A fase seguinte caracteriza-se pela busca de informações, junto as mais diversas fontes, que incluem material promocional, contato com órgãos de turismo e operadoras turísticas e, a realização de viagens. Em seguida, o material levantado é verificado e analisado, tendo como orientação os objetivos determinados na pauta anual.

Em relação aos critérios de escolha de localidades pelos periódicos de turismo, é ressaltado como fator relevante a existência de infra-estrutura local. Em segundo lugar, destacam-se as questões referentes a sazonalidade e a disponibilidade de informação. Isto é explicado em função das características destes veículos, que têm como principal preocupação ser "uma ferramenta auxiliar no planejamento da viagem" (Cioffi, 1999), portanto precisam garantir aos seus leitores que as localidades divulgadas apresentem estrutura adequada para atendê-los com qualidade.

A questão da sazonalidade refere-se a adequação da localidade para o período do ano em que está sendo veiculada a informação, ou seja, as localidades são classificadas de acordo com seus equipamentos e características em função das estações do ano ou mesmo por temas do momento (carnaval, festas etc.).

Outro item ressaltado é a disponibilidade da informação, considerando se já existe material de qualidade e atualizado, além da facilidade de acesso. No momento da realização desta pesquisa os editores destacaram a grande dificuldade de encontrar informações com estas características. Atualmente, observa-se uma grande melhoria nesta situação, uma vez que são inúmeros os municípios e empresas que disponibilizam informações gerais em *sites* na Internet. Todavia, é preciso ainda preocupar-se em atualizar constantemente estas páginas, produzir um material de qualidade com informações gerais e turísticas da localidade, além de possuir uma estrutura que possa responder rapidamente às demandas por esse tipo de informação. Essa necessidade se destaca por ser este o contato mais usual com esses veículos de comunicação, seguido pelos convites para viagens para conhecimento dos produtos e serviços oferecidos pela localidade.

Se por um lado, existe a preocupação em disponibilizar informações, por outro, existe uma ação proativa, representada pelo contato direto com os editores. Este contato com os editores é realizado predominantemente pelos órgãos públicos, que os convidam para conhecer a localidade. Outras vezes, são as operadoras turísticas interessadas na divulgação de um local que oferecem viagens de reconhecimento.

Todavia, não existe o compromisso do veículo de comunicação, em tornar estas viagens temas de reportagens. Essa independência na escolha das localidades para temas de reportagens é confirmada pelos editores dos periódicos, que ressaltam, unânimes, que o único interesse que têm para publicar seus artigos é o de atender às expectativas de seus leitores.

Os editores afirmam categoricamente que não admitem interferências, seja de anunciantes, seja de destinos turísticos, seja dos gerentes das operadoras, na escolha e no conteúdo de suas reportagens. Eles salientam que tanto a escolha, como a divulgação, são realizadas de modo independente, indicando que as destinações são selecionadas de acordo com os objetivos e interesses de cada periódico.

No entanto, as localidades turísticas podem influir nessa seleção de outras maneiras, principalmente nos momentos que antecedem à escolha, divulgando a destinação para os promotores, oferecendo-lhes as informações de que mais necessitam.

Desta forma, verifica-se que a divulgação de localidades turísticas nos veículos de comunicação escrita depende também da atuação do poder público e das empresas para gerar e disponibilizar informações sobre sua localidade, além de buscar construir uma relação de parceria com esses veículos. Além disso, também precisam preocupar-se em utilizar adequadamente outros canais de comunicação, uma vez que a construção da imagem turística está ligada às diferentes informações que são disponibilizadas ao turista ao longo do tempo.

CONSIDERAÇÕES FINAIS

Observa-se que, embora os estudos sobre imagem turística ainda sejam incipientes, isto não têm impedido os profissionais do setor de turismo de elaborarem estratégias para utilizar a imagem turística como ferramenta de marketing. Nesse contexto, a informação tem desempenhado importante papel, pois se apresenta como um dos principais elementos, tanto do processo de formação da imagem quanto no de escolha da destinação.

Isto significa que para criar, modificar ou consolidar a imagem turística de uma localidade é necessário preocupar-se com a qualidade e com o tipo de informação que se disponibiliza, tanto para os promotores de turismo (veículos de comunicação, operadoras turísticas) quanto para os próprios turistas.

Verifica-se, assim, uma necessidade crescente de aprimoramento no uso dos diversos canais de comunicação, considerando a adequação dos veículos aos objetivos da mensagem.

Para um melhor aproveitamento das oportunidades de divulgação oferecidas pelas publicações especializadas, é preciso criar uma estrutura ágil e dinâmica para atender prontamente às necessidades de informação.

Ao mesmo tempo, deve-se desenvolver estratégias de marketing de longo prazo que envolvam os atrativos, os equipamentos e serviços, e conseqüentemente com o estabelecimento de diferentes ações de comunicação que contribuam para criar ou consolidar uma imagem turística sólida, real e de interesse da localidade.

REFERÊNCIAS BIBLIOGRÁFICAS

GUNN, C. A. *Tourism planning*. 2. ed. Londres, Taylor & Travis, 1988.

KOTLER, P.; HAIDER, D.H. & REIN, I. *Marketing público:* como atrair investimentos, empresas e turismo para cidades, regiões, estados e países. São Paulo, Makron Books, 1994.

MACHÍN, C. A. *Marketing y turismo*. Madri, Sintesis, 1993

OÑATE, F. M. *Marketing turístico*. Madri, Editorial Centros de Estudios Ramon Areces, 1994.

SNEPENGER, D. & SNEPENGER, M. "Information search by pleasure travelers". *In*: KHAN, M.; OLSEN, M & VART, T. *VNR'S encyclopedy of hospitality and tourism*. Londres, Van Nortrons Reinhold 1993, p. 830-5.

SOLHA, K. T. *A divulgação de imagens turísticas:* o exemplo de Porto Seguro – BA. Dissertação (Mestrado em Ciências da Comunicação), São Paulo, Escola de Comunicações e Artes, Universidade de São Paulo, 1999.

UM, S. "Pleasure travel destination choice". *In*: KHAN, M.; OLSEN, e M & VART, T. *VNR'S Encyclopedy of hospitality and tourism*. Londres, 1993, p. 811-20.

WAHAB, S.; CROMPTON, L. J. e ROTHFIELD, L. M. *Tourism marketing*. Londres, Tourism International Press, 1976.